ERIK MEIJER

DREI GEILE JAHRE

ERIK MEIJER
3 GEILE JAHRE

mit Thorsten Pracht

MEYER
& MEYER
VERLAG

ERIK MEIJER – DREI GEILE JAHRE

Bibliografische Information Der Deutschen Bibliothek
Die Deutsche Bibliothek verzeichnet diese Publikation in der Deutschen Nationalbibliografie; detaillierte bibliografische Daten sind im Internet über http://dnb.ddb.de abrufbar.

Adelaide, Auckland, Budapest, Graz, Johannesburg,
New York, Olten (CH), Oxford, Singapore, Toronto
Member of the World
Sportpublishers' Association (WSPA)
Druck und Bindung: B.O.S.S Druck und Medien GmbH, Kleve
ISBN-10: 3-89899-259-4
ISBN-13: 978-3-89899-259-6
E-Mail: verlag@m-m-sports.com
www.dersportverlag.de

INHALT

VORWORT

Hallo, liebe Leser,

ein Vorwort über Erik Meijer schreiben – keine einfache Aufgabe. Über ihn gibt es unglaublich viele Geschichten zu erzählen. Einige davon werden Sie auf den nächsten Seiten lesen dürfen.

Erik Meijer an den Aachener Tivoli zu lotsen – viele glaubten im Sommer 2003 eher an ein Märchen aus 1001 Nacht als an eine Geschichte, die man nun den Lesern von „Drei geile Jahre" rückblickend erzählen kann ...

Der „Meijer-Transfer" kam einer Sensation gleich. Alemannia Aachen war gerade der Insolvenz knapp entgangen und plötzlich sollte ein Spieler von internationalem Ruf bei uns unterschreiben?

Mir erschien es keine abwegige Idee, Erik Meijer zur Alemannia zu holen. Mit seiner Spielweise, seiner offenen Art und der Fähigkeit, den „Funken auf das Publikum überspringen" zu lassen, passte er perfekt an den Tivoli. Unsere gemeinsame Zeit bei Bayer Leverkusen war mir in bester Erinnerung. Ich war überzeugt, Erik Meijer würde uns nicht nur als Führungsspieler auf dem Platz weiterhelfen. Alemannia Aachen und Erik Meijer – das versprach, eine gute Allianz zu werden.

Zum ersten Mal sprach ich nach einem gemeinsamen Musicalbesuch in Hamburg mit Erik über eine mögliche Zukunft in Aachen. Seine sportliche Perspektive beim HSV war zu dem Zeitpunkt ungewiss, wenig reizvoll, für einen, der Fußball lebt.

Privat fühlten sich Erik und seine Frau Sandra unheimlich wohl in der Hansestadt, aber eine Rückkehr in die Heimat, gepaart mit der Gewissheit, am Tivoli gebraucht zu werden – das war verlockend, das spürte ich. „Ich halte dir einen Platz im Kader frei, denk über die Sache nach“, mit diesen Worten verabschiedete ich mich an diesem Abend von ihm. Einige Telefonate und wenige Wochen später besprachen wir in Maastricht die Einzelheiten seines Vertrags.

Rückblickend war die Verpflichtung von Erik Meijer genau das Signal, das wir in Aachen brauchten. Er brachte Aufbruchstimmung und Zuversicht zurück an den Tivoli. Erik hat durch seine Leistungen zum Aufschwung der Alemannia maßgeblich beigetragen. Er führte unsere Mannschaft bis ins Pokalfinale nach Berlin. Er war nie ein „Knipser“, aber er erzielte die wichtigen Tore für Schwarz-Gelb: Das 2:1-Siegtor gegen die Bayern im Pokal oder die Führungstreffer im UEFA-Cup gegen Lille, St. Petersburg sowie in Alkmaar und in Athen. Erik weiß, wie wichtig es ist, einen Plan zu haben und diesen auch in kritischen Situationen nicht panisch über Bord zu werfen. Es ist gut, einen Mann auf dem Feld zu haben, der den Mitspielern vermittelt, dass sie ihr Spiel durchziehen müssen, dass es keinen Zweifel gibt.

Ich bin dankbar, die Karriere eines großen Sportlers eine Zeit lang begleitet zu haben, und auf die nun folgende Zusammenarbeit mit Erik Meijer im Management der Alemannia freue ich mich sehr.

„Bedankt“, Erik – für drei geile Jahre bei Alemannia Aachen und „Dank je“, Sandra – du hattest entscheidenden Anteil daran, dass Erik den Weg zur Alemannia gefunden hat.

Jörg Schmadtke

VON HAMBURG NACH AACHEN

Wir spielten mit dem Hamburger SV um den Einzug in den UEFA-Cup. Ich war so etwas wie der ideale 12. Mann. Trainer Kurt Jara ließ damals nur mit einem echten Stürmer spielen. Das war Bernardo Romeo, der seine Sache wirklich gut machte. Dahinter spielte Sergej Barbarez und dieses System funktionierte bestens. Ich saß zwar auf der Bank, aber immer wenn ich ins Spiel kam, passierte etwas. Mal ein Tor, mal eine Vorlage, mal ein Spiel gekippt. Jara wusste, dass er auf mich bauen konnte, dass er da jemanden auf der Bank sitzen hatte, der zwar nicht zufrieden war mit seiner Position, der das aber akzeptierte und damit professionell umging. Nach zweieinhalb Jahren fühlte ich mich sauwohl in Hamburg. Eigentlich wollte ich von dort aus nirgendwo anders mehr hin. Die Situation beim HSV war für mich klar: Es war nichts klar. Der Verein wusste nicht, in welche Richtung es finanziell in der folgenden Saison laufen würde. Also musste ich warten, was passiert. Bekomme ich einen Vertrag oder nicht?

Was ich von der Vereinsführung zu hören bekam, war nicht Ja oder Nein, sondern: Ja, aber ... Das Warten störte mich so sehr, dass ich mir dachte: „Ok, die scheinen nicht mit dir weitermachen zu wollen." Also habe ich in einem Interview mal in einem Nebensatz fallen gelassen, dass ich entweder in Hamburg bleibe oder wieder zurück nach Hause will, also in die Gegend rund um Maastricht. Eines Tages rief Jörg Schmadtke an. Er war zu einem Musical-Besuch in der Stadt und wollte sich mit mir treffen. Wir saßen beim Bier zusammen und Jörg fragte, wie es beim HSV weitergeht. Ich erklärte ihm die Situation und er brachte einen Wechsel nach Aachen ins Spiel. Es hatten sich in der Zwischenzeit auch einige Bundesligisten gemeldet – Hansa Rostock, Eintracht Frankfurt und noch ein paar Kandidaten – aber: Da wollte ich nicht hin. Ich meinte das ernst. Entweder Hamburg oder nach Hause. Also, dachte ich mir, es wäre interessant, sich näher mit Alemannia Aachen zu befassen. Ich besorgte mir die Nummer von Eric van der Luer, einem Niederländer, der lange bei Roda Kerkrade gespielt hatte und jetzt in Aachen war, und begann, mich über Alemannia Aachen zu informieren.

Wie gut, dass es die Live-Übertragungen bei Premiere gab! So konnte ich mir ein Bild davon machen, welche Art Fußball dort gespielt wurde. Ich merkte, dass in Aachen ein Aufschwung vonstatten ging. Eric van der Luer erzählte mir, dass am Tivoli ein fantastisches Publikum für ungeheure Stimmung sorgte und dass es Spaß machte, in diesem Verein zu spielen. Also habe ich mir die Sache durch den Kopf gehen lassen und mich schließlich noch einmal mit Jörg Schmadtke verabredet. Ich fragte Kurt Jara, ob ich einen halben Tag länger frei haben konnte, um ein Gespräch mit einem interessierten Verein zu führen. Wir gingen sehr ehrlich miteinander um. Jara sagte, ich solle fahren und das Beste herausholen.

Ich traf Jörg Schmadtke im Frühjahr 2003 in Maastricht, meine Frau Sandra und seine Frau Andrea waren auch dabei. Wir machten einen gemütlichen Spaziergang durch meine Heimatstadt, tranken einen leckeren Kaffee und unterhielten uns darüber, was möglich wäre und was nicht. Der erste Satz, den ich von Jörg Schmadtke zu hören bekam, war: „Hör mal, was die Kohle angeht – kannste vergessen!" Er sagte mir, dass ich zehn Schritte zurück machen müsste. Ich machte ihm klar, dass es in dieser letzten Phase meiner Karriere nicht mehr darum ginge, mir die Taschen voll zu machen – und dass ich das auch nicht von einem Verein wie Alemannia Aachen erwartete. „Das Gefühl muss gut sein, nach Aachen zu kommen", erklärte ich ihm. Jörg zeigte mir auf, wie das Team für die folgende Saison aussehen würde. Der Verein hatte gerade mit Jupp Ivanovic und Miroslav Spizak eines der besten Sturm-Duos der Liga verloren. Das riss eine Lücke, die natürlich aufgefüllt werden musste.

Das Gespräch gefiel mir, ich hatte Vertrauen zu Jörg, weil ich ihn schon aus der Zeit bei Bayer Leverkusen kannte. Er ist ein sehr seriöser und kluger Mann, der nicht auf mich zugekommen wäre, wenn er nicht an mich geglaubt hätte. Ich wusste, dass er mich nicht holen würde, wenn er selbst nicht hundertprozentig davon überzeugt wäre, wenn kein Fundament für eine Zusammenarbeit vorhanden wäre. Ich ging mit einem positiven Gefühl aus dem Gespräch und sagte zu Sandra, dass sich mit einem Wechsel nach Aachen ein Kreis schließen würde. Ich wäre wieder da, wo ich mit dem Fußballspielen angefangen habe – nur auf der anderen Seite der Grenze. Roda Kerkrade hatte nicht reagiert, obwohl ich mittlerweile des Öfteren gesagt hatte, dass ich nach Hause zurück will. Scheinbar hielt man es bei Roda für unmöglich, Erik Meijer zurückzuholen. Und meine beiden Ex-Vereine Sittard und Maastricht waren sportlich und finanziell in einer solch schlechten Lage, dass sich dort überhaupt keine Perspektive bot.

Sandra und ich dachten dann über die Sache Alemannia nach. Solche Dinge entschieden wir schon immer gemeinsam. Sandra ist die rationale in unserer Beziehung. Sie kann sehr seriös sein, ist zurückhaltender als ich. Während ich oft spontan Dinge tue, denkt sie erst nach, bevor sie handelt. Wir ergänzen uns gut. Von Anfang an konnte unsere Verbindung eigentlich besser nicht sein. Sandra, die Tochter des Bäckers, ich der Sohn des Metzgers. Da sind die belegten Brötchen schon gemacht. Obwohl sie auch aus Meerssen stammt, liefen wir uns in der Jugend nie über den Weg, gingen auf verschiedene Schulen. Wir trafen uns erst auf einer Abiturfeier, sie war 18, ich 17. Von Anfang an hatte ich das Gefühl: das passt. Wir quatschten den gesamten Abend, sie interessierte sich nicht für ihren Freund, ich mich nicht für meine Freundin. Im nächsten Sommer begegneten wir uns wieder, diesmal hatten wir beide keinen Partner. 20 Jahre später sind wir immer noch zusammen, haben viel erlebt. Sandra hat meine komplette Karriere mit mir durchlaufen, obwohl sie eigentlich nicht auf Fußball steht. Dennoch hat sie fast 100 Prozent meiner Heimspiele im Stadion erlebt, für welchen Verein auch immer.

Sandra und ich

Es ist schön zu wissen, wenn sie da ist. Ich mag das, es gibt mir Kraft. Ich bin zutiefst davon überzeugt, dass hinter jedem erfolgreichen Mann eine starke Frau steht, auch was das Treffen von Entscheidungen angeht. Am Anfang meiner Karriere hatte ich die Wahl zwischen dem VfB Stuttgart und PSV Eindhoven.

Wir berieten intensiv und kamen gemeinsam zu dem Schluss, mit 22 Jahren sei es zu früh, ins Ausland zu wechseln. Während meiner Zeit in Uerdingen und Leverkusen pendelte ich dann nach Eindhoven, weil Sandra dort bei der Stadt Eindhoven arbeitete. Eine perfekte Situation, sie trieb ihre Karriere voran, ich meine. Der Schritt nach Liverpool war für Sandra der härteste Einschnitt, denn sie musste ihren Job aufgeben. Aber sie wusste: Eine solche Chance bekomme ich nur ein Mal.

Am 2. Juli heirateten wir, am 4. Juli saß ich allein in Liverpool im Hotel. Statt einer Hochzeitsreise krempelten wir unser Leben komplett um. Sandra regelte alles, ich spielte nur Fußball. Ich kann mich nicht

Vertragsunterzeichnung bei der Alemannia im Frühjahr 2003

erinnern, in meinem Leben einen Umzugskarton gesehen zu haben. In solchen Dingen ist meine Frau Perfektionistin. Mit ihr habe ich jemanden gefunden, mit dem ich mich einfach gut fühle. Nach fast 20 Jahren bin ich immer noch verliebt in sie. Wir teilen dieselbe Lebensphilosophie, wollen reisen, andere Kulturen erleben. Wieder einmal fassten wir gemeinsam einen Entschluss.

Mein Berater bekam den Auftrag, sich intensiver mit der Alemannia zu unterhalten. Jörg hatte mir die finanziellen Möglichkeiten grob skizziert und dann ließ ich meinen Berater mal ein bisschen mit ihm kämpfen. Am Ende dieses Kampfs saß ich plötzlich in Aachen und wurde auf einer Pressekonferenz als Neuzugang vorgestellt, ohne dass irgendein Journalist im Vorfeld davon Wind bekommen hätte. In einer Stadt wie Hamburg wäre das undenkbar gewesen.

Aber da saß ich nun im kleinen Presseraum der Alemannia. Links neben mir Vize-Präsident Tim Hammer, rechts neben mir Präsident Horst Heinrichs. Das war eine schöne Sensation, alle waren überrascht, als ich da plötzlich reinmarschiert kam. Es war der Anfang der Geschichte von Erik Meijer und Alemannia Aachen.

Ich gab also beim HSV meinen Abschied zum Saisonende bekannt. Mit mir verließen auch einige andere Spieler den Verein, Martin Groth, Ingo Hertzsch und Rodolfo Cardoso etwa. Aber wir hatten ja noch ein großes Ziel: Wir wollten in den UEFA-Cup. Das wurde zum Saisonende immer schöner. Ich kann mich an ein Spiel in der AOL-Arena gegen Bayer Leverkusen erinnern.

» **Wir führen 2:0, als ich in der 88. Minute eingewechselt werden soll. Bayer macht das 1:2, aber Jara bringt mich trotzdem. Mein erster Ballkontakt ist also der Anstoß nach dem Gegentor. Wir halten den Ball in den eigenen Reihen, bis Milan Fukal auf der rechten Seite durchgeht und eine schöne Flanke reinbringt, die ich zum 3:1 einköpfe. Das war die 89. Minute. Der nächste Leverkusener Angriff wird von uns abgefangen, ein langer Ball kommt in meine Richtung. Ich setze mich durch und schiebe den Ball Lars Jacobsen sauber in den Lauf. Der geht allein auf den Torwart zu und schiebt den Ball rein zum 4:1.** «

Innerhalb von drei Minuten ein Anstoß, ein Tor und ein Assist. Nach dem Spiel habe ich zu Jara gesagt: „Coach, wenn Sie noch mal irgendwas brauchen für ein paar Minuten, sagen Sie mir einfach Bescheid." Nachher haben wir uns dann aus Flachs anhand der Siegprämie meinen Stundenlohn ausgerechnet. Das konnte sich sehen lassen, denn in Hamburg hatten wir damals eine Prämienregelung, bei der wir bei einem Unentschieden nichts bekamen, sondern nur bei einem Sieg. Das waren schöne drei Minuten. Mit solchen Einsätzen hältst du dich bei Laune, wenn du unzufrieden bist, weil du nicht spielst – speziell in der AOL-Arena, die ich für das schönste Stadion Deutschlands halte, was die neuen Arenen angeht. Dort herrscht eine herrliche Stimmung, die mir immer Gänsehaut bereitet hat. Ich habe Hamburg, ehrlich gesagt, schon mit einem Gefühl verlassen, das mir sagte: „Schade, dass die Zeit vorüber ist."

Ich habe in Hamburg gelernt zu leben. Es ist eine herrliche Stadt, in der es viele gute Cafés gibt, reihenweise tolle Restaurants. In den Theatern laufen immer die neuesten Stücke, und wenn du beim HSV spielst, wirst du auch noch zu allen Premieren eingeladen. Das war hervorragend. Es gibt so viele Sachen in Hamburg, wo du sagst: Wow. Der Hafen, die Alster, da ist einfach immer Leben. Mit Martin und Gabi Pieckenhagen, unserem Torwart und seiner Frau, die bei uns um die Ecke wohnten, hatten Sandra und ich eine tolle Zeit. Mit den beiden hatten wir damals am meisten zu tun. Wir waren oft auf dem Golfplatz, gingen Essen und ins Theater.

Ab und zu kamen natürlich auch unsere Eltern zu Besuch. Dann musste ich immer ein drei- oder viertägiges Programm zusammenstellen. Denn wenn mein Vater eine halbe Stunde ruhig auf einem Stuhl sitzen muss, dann wird er unruhig. Also, jedes Mal etwas Neues, mal an die Küste, dann ein Spaziergang durch die Stadt oder eine Hafenrundfahrt. Sonst wurde der alte Meijer unruhig. Meistens haben wir eine gute Kombination gefunden. Eine kleine Anekdote dazu muss ich loswerden. Nach einem Spiel saßen wir am Samstagabend in unserer Wohnung und haben „Wetten dass" geguckt. Meine Eltern Jaak und Gerda und meine Schwiegermutter waren zu Besuch. Die Frauen saßen also vor dem Fernseher, mein Vater und ich wussten nicht so recht, ob wir uns Tommy Gottschalk auch angucken sollten. Da habe ich zu meinem Vater gesagt: „Hör mal, Pa.

Sollen wir mal auf die Reeperbahn gehen?" Ich habe meinen Vater in meinem Leben noch nicht so schnell Jacke und Schuhe anziehen sehen. Ich hatte noch nicht mal geblinzelt, da stand er schon fertig angezogen da. Ich lud ihn ins Auto und wir fuhren nach St. Pauli. Im Café Käse, einer alten Hamburger Tanzstube, war eine Party. Wir haben ein Fläschchen Heineken getrunken und sind von da aus ins Dollhouse gegangen.

Der Mann an der Tür mit dem langen schwarzen Mantel und dem bösen Blick hat sich wohl gefragt, wo die beiden Holländer herkommen. Er hat ein wenig verdutzt geguckt, uns aber dann doch reingelassen. Ich kaufte meinem Papa noch ein Bier. Er sagte: „Junge, dass du mich hierhin mitnimmst, finde ich geil. Dass ich das noch erleben darf!" Wir schauten uns einige Zeit um, dann machten wir noch einen kleinen Spaziergang und schlenderten dann noch durch die Herbertstraße. Und was passiert? Alle Damen, die da nach Freiern suchten, sprechen meinen Vater an, keine einzige mich. Das war unglaublich. Um halb zwei habe ich meinem Vater gesagt: „Pa, nach so einem Abend fehlt nur noch eins." Und wir holten uns um die Ecke Currywurst mit Pommes und aßen sie an einem Stehtisch neben ein paar Besoffenen. Im Auto sagte mein Vater zu mir: „Junge, das war nach meiner Hochzeit einer meiner schönsten Abende."

Das war also die Periode Hamburg. Eigentlich sagt der eine Abend mit meinem Vater schon alles über die Zeit dort. Es war einfach genießen mit ein bisschen Fußball spielen, Sandra und ich fühlten uns unendlich wohl dort. Trotzdem freuten wir uns darauf, nach Hause zu kommen. Im Internet suchten wir nach einem passenden Haus, pendelten häufig die 560 Kilometer von Hamburg nach Limburg, um auf Wohnungssuche zu gehen. Lustig war das nicht, ständig hin und her, hier ein Makler, dort ein Haus besichtigen. Mal ist Sandra allein gefahren, weil ich spielen musste. Eigentlich wollte ich zurück in mein Heimatdorf Meerssen, aber es gab nicht das richtige Haus. Oder anders formuliert: Es gab zwar das richtige Haus, aber die Leute wollten nicht raus. Eines Tages besichtigten wir mit einem Freund ein paar Häuser in Lanaken, Belgien. Da waren ein, zwei Häuser dabei, die uns interessierten. Aber ich musste nach Hamburg zurück, sodass Sandra zwei Wochen später noch einmal allein auf Tour ging. Sie kam mit einem Prospekt mit Fotos zurück. Sandra schwärmte mir von dem Haus vor, und ich merkte, dass sie gerne dort wohnen würde. Es war mir unendlich wichtig, dass sie sich in unserem Haus wohl fühlte. In Liverpool und in Hamburg habe ich ihr die Auswahl auch überlassen, denn ich spielte ja die meiste Zeit Fußball. Aber meine Frau musste sich in diesen Häusern wohl fühlen. Also vertraute ich wieder auf ihr Urteil und wir machten die Sache klar. Ich kannte unser neues Haus nur von außen, als wir es kauften. Natürlich war ich bei der nächsten sich bietenden Gelegenheit dort, um mir selbst ein Bild zu machen.

Einziges Problem: Für die kommenden drei, vier Monate musste ich bei meiner Schwiegermutter im alten Schlafzimmer meiner Frau wohnen, weil unser Haus erst renoviert werden musste. Da kann jeder sich was bei denken. Ohne meiner Schwiegermutter zu nahe zu treten, ich habe es gut mit ihr getroffen. Aber Schwiegermütter haben es nun mal so an sich, dass sie das Beste für ihre Töchter wollen. So war das auch bei uns.

Zwischendurch war ich im Frühling noch einmal in Aachen, um offiziell den Vertrag zu unterschreiben. Jörg und ich machten einen Rundgang über das Vereinsgelände. Ich musste schon ein wenig schmunzeln. In der AOL-Arena war alles vom Feinsten, und dann komme ich zu Alemannia Aachen in ein altes Stadion, wo sich in der Kabine der Schimmel über die Wände zieht. Da war echt Leben in der Bude. Aber es hatte ein bestimmtes Flair. Der Geruch von Fußballschuhen und von frischem Gras lag in der Luft. Jörg versicherte mir, dass die Sommerpause genutzt werden sollte, um einige Dinge zu verbessern. Jeder sollte einen Spind bekommen, Fächer für die Schuhe sollten eingebaut werden. Bei einer Sache staunte ich allerdings. Der Trainingsplatz war Mitte April noch in einem hervorragenden Zustand, zehn Stufen besser als der umgepflügte Bauernacker, auf dem wir in Hamburg trainieren mussten. Ich kam zu einem Zweitligisten, der fast Pleite gegangen war, aber einen wunderschönen Trainingsplatz hatte. Die Bedingungen stimmten.

DER BALL BEGINNT ZU ROLLEN

Im ersten Trainingsspiel der Saison erzielte ich das einzige Tor. 1:0 gewonnen und getroffen. „Das könnte hier eine schöne Zeit werden", dachte ich. Es waren einige Spieler da, die ich natürlich aus vorigen Jahren als Gegenspieler kannte. Kalla Pflipsen war so etwas wie der Star des Teams, er gab den Takt im Spiel an, hatte in großen Vereinen gespielt. Kalla war einfach ein guter Spieler. Hinter ihm spielte Ivo Grlic im Mittelfeld, er hatte sich in der Vorsaison auf dieser Position ins Rampenlicht gespielt. Dazu kamen meine Landsleute Eric van der Luer und Quido Lanzaat. An diesem Tag kam es auch zu meiner ersten Begegnung mit einem gewissen Willi Landgraf, mit dem ich mir später das Zimmer teilen sollte. „Hektik – durchgedreht – muss ich den ernst nehmen?", waren meine ersten Gedanken. Dazu kamen einige junge Spieler, die ich eigentlich nur vom Fernsehen kannte. Stefan Blank war neu gekommen, Dennis Brinkmann, Daniel Gomez und Emanuel Krontiris auch.

Mein erster Eindruck war, dass die älteren Spieler für unseren Trainer Jörg Berger die Ansprechpartner waren. Aachen war im Jahr zuvor Sechster geworden. Zielsetzung war natürlich, es besser zu machen als in der Saison davor. Die Vorbereitung war hart, es war ein heißer Sommer. Ich finde ja ohnehin, dass Hitze nicht dafür da ist, sich zu quälen, sondern um sich auszuruhen. Aber das war ich ja schon gewohnt. Wir fuhren ins Trainingslager nach Bitburg, ich teilte das Zimmer mit Eric van der Luer. Er erklärte mir einiges, wie die Dinge im Verein ablaufen. Zu viel wollte ich aber gar nicht hören; ich hatte vor, mir mein eigenes Bild zu machen.

Unser erstes Testspiel hatten wir bei Borussia Brand, einem Aachener Verbandsligisten. Ich musste mich aber zunächst daran gewöhnen, mit dem eigenen Auto zu einem Testspiel zu fahren. Beim HSV sind wir zu allen Spielen mit dem Mannschaftsbus gefahren, egal, ob es ein Kilometer oder 1.000 waren. Das war in Aachen neu für mich, dass ich mein eigenes Auto kurz vor dem Sportplatz parken musste. Herzlich willkommen in der Zweiten Liga! Aber damit hatte ich schon in Liverpool kein Problem, als ich für ein paar Wochen zu Preston North End ausgeliehen wurde. Da war auch der Unterschied krass. In Liverpool war alles geregelt. Als wir in Preston zweimal am Tag Training hatten, habe ich nach der ersten Einheit gefragt, wo ich meine Wäsche abgeben kann. Die haben mich angeguckt und mir gesagt: „Das T-Shirt kannst du hier über die Heizung legen und heute Mittag noch mal anziehen." Mittags gab es ein paar Brötchen und eine suppenähnliche Flüssigkeit aus einem riesigen Topf. Kein Problem, ich weiß aber, wo ich herkomme und kann mich schnell anpassen.

Dass ich in Aachen so etwas wie ein Superstar sein würde, wurde mir erst bei meiner Vorstellung bewusst. „Das Unmögliche ist möglich geworden, dass Erik Meijer sich herablässt und nach Aachen kommt." So hörte sich das für mich alles an. Dabei wollte ich doch nur ein bisschen Fußball spielen für die Alemannia. Aber um mich gab es plötzlich eine riesige Euphorie. Ich war plötzlich das Aushängeschild eines Vereins, und das sollte auch ausgenutzt werden. Werbung für Fanartikel, Dauerkarten und so weiter. Bei einem Fotoshooting sagte man mir dann einmal: „Erik, du musst länger bleiben, wir brauchen noch ein paar Fotos für den Bus." Für den Bus? Ich erfuhr, dass in Aachen einige Linienbusse der ASEAG, mit den Gesichtern einiger Spieler beklebt, durch die Stadt fuhren. Ein paar Wochen später saß ich mittags vor dem Café Milano in der Sonne und sah mich auf einem Linienbus vorbeifahren. Da musst du erst 16 Jahre Fußball spielen, kommst zum Zweitligisten Alemannia Aachen und bekommst dann einen Bus mit deinem Kopf drauf.

Was ich von Anfang an bei der Alemannia gut fand: Es spielt sich alles an einer Adresse ab. Hier war das Stadion, daneben in einem halben Container der Fanshop, in einem anderen Container die Geschäftsstelle. Das gab mir ein Gefühl, das ich schon kannte. Ich erinnerte mich an das Jahr 1992 in Maastricht. Es war das gleiche Gefühl von Verein, wo jeder den anderen braucht. Und wenn ein Rad nicht ins andere greift, dann geht das nicht gut. Und derjenige, der an den Rädern drehte, war in meinen Augen Jörg Schmadtke. Er gab dem Verein den Schwung mit, den er jetzt noch immer hat. Deshalb wird er für meine Zeit in Aachen immer die wichtigste Figur sein. Hätte er nicht in einem bösen Moment das Gefühl gehabt, er müsste mich anrufen – wer weiß, ob ich dann vielleicht aufgehört hätte? Jörg war definitiv schuld daran, dass ich drei geile Jahre in Aachen hatte.

Zurück zu meinem ersten Testspiel nach Brand, Stadion an der Karl-Kuck-Straße. Es herrschte Chaos, da war die Hölle los. Es hieß: „Wir treffen uns in Brand in der Kantine.“ Es war mein erstes Spiel für Aachen und plötzlich saß ich da bei Kaffee und Kuchen. Berger hat noch ein paar Sätze gesagt und los ging's. Es waren so viele Leute da, dass die Hälfte des Warmmach-Programms ausfiel, weil wir gar nicht dazu kamen. Ich weiß es noch wie heute, doch dann ging es los.

George Mbwando geht auf rechts durch, flankt rein, ich gehe auf den ersten Pfosten, köpfe das Ding rein, patsch, 1:0. Aaahhhh, herrlich. Erstes Spiel, erstes Tor. Es harmoniert gut vorne, Kalla Pflipsen spielt kurz hinter mir.

Wir gewannen 9:1. Der Ball hatte angefangen zu rollen.

Gleich in meinem ersten Pflichtspiel als Alemanne machte ich ein Tor. 1:1 in Burghausen. BURGHAUSEN. Zugegeben, das war neu für mich, ein Gegner, der mir vorher in meiner Karriere noch nie über den Weg gelaufen war. Eine Woche später das erste Heimspiel gegen Mainz 05. Die Mainzer waren in den letzten Jahren immer schon oben dabei gewesen und wollten jetzt wieder angreifen. Es war schon im Vorfeld viel Wirbel um die Partie, volle Hütte, ein geiles Spiel. Ein paar Minuten vor Schluss liegen wir 1:2 zurück.

Straubi schlägt den Ball einfach nach vorne, der Ball würde eigentlich beim Torhüter landen. Ich laufe trotzdem durch, und der Mainzer Verteidiger will mich unbedingt wegblocken. Er macht das aber ein wenig rustikal. Ich falle im Sechzehner, der Schiedsrichter pfeift Elfmeter. Na ja, ich weiß nicht, ob das unbedingt einer war. Aber, who cares? Für uns ist es günstig. Wir machen in der Nachspielzeit das 2:2 und holen so wenigstens einen Punkt. Zwei Spiele, zwei Punkte. Nicht die Welt, aber im Großen und Ganzen können wir über den Start nicht unzufrieden sein.

Die nächsten paar Spiele gingen hoch und runter. Wir verloren in Cottbus und schlugen Erzgebirge Aue. Danach überstanden wir in Erfurt die erste Pokalrunde, ohne aus dem Spiel heraus ein einziges Mal gefährlich auf das Tor zu schießen. Kalla Pflipsen brachte uns mit einem Elfmeter in der 77. Minute, den Daniel Gomez herausgeholt hatte, in die Verlängerung. Weil wir an dem Tag so ungefährlich waren, blieb uns nichts anderes übrig, als im Elfmeterschießen weiterzukommen. Und das haben wir dann auch gemacht.

Hauptsache weiter, auch wenn das keine gute Vorstellung von uns war. So einfach wie die Pokalrunde in Erfurt konnten wir das nächste Ligaspiel dann leider nicht abhaken. Es handelt sich dabei um ein Spiel, das ich nie mehr vergessen werde, weil ich noch nie in meinem Leben 1:7 verloren hatte. 1:7! Oder anders herum: Greuther Fürth gegen Alemannia Aachen 7:1. Das war ein Spiel. Ich glaube, da war alles möglich – für Fürth.

Wir gehen ganz gut ins Spiel. Der erste Angriff von Fürth: patsch, 0:1. Zweiter Angriff, patsch, 0:2. Wir fangen uns langsam, ich mache das Anschlusstor nach Vorarbeit von Ivo Grlic. Ja, jetzt kommen wir wieder ins Spiel. Denkste. Kurz vor der Pause fangen wir einen Doppelpack, die Sache ist gelaufen.

Nach der Pause ging es eigentlich nur noch um Schadensbegrenzung, aber noch nicht mal das bekamen wir an dem Tag hin. 5, 6, 7. Leck mich am A .....

Nach dem Spiel saß ich da und habe gedacht: „Was machst du nur hier? Du hast in deinem Leben noch nie so hoch verloren, und jetzt bist du in Aachen in der Zweiten Liga und kriegst so einen auf den Deckel!“ Ich weiß, dass ich noch lange nach dem Spiel auf unserer Ersatzbank gesessen und überlegt habe, was an diesem Tag eigentlich alles passiert ist. Zwei Tage nach dem Spiel kam die Anfrage an den Mannschaftsrat, sich mit Vize-Präsident Tim Hammer zu einem Gespräch zu treffen. Nach so einem Saisonstart war es eigentlich logisch, dass jemand uns mal was sagen wollte. Wir sind also zur Spedition Hammer gefahren, Grlic, Pflipsen, Straub, Klitzpera und ich. Wir wurden im Büro von Tim Hammer empfangen. Wir sprachen über die Vorstellungen des Vereins und darüber, was bis jetzt herausgekommen war – fünf Punkte nach fünf Spielen. Wir saßen da, und die Lage war schon ernst. Wie geht es jetzt weiter? Woraus ziehen wir positive Energie? Der Vorstand war sehr positiv eingestellt und er vermittelte uns, dass wir alle in einem Boot sitzen. Die Frage war nur, wie wir dahin kommen sollten, wo der Verein eigentlich hin wollte. Die Meinung von uns Spielern war klar: Die Mannschaft brauchte im nächsten Spiel gegen den MSV Duisburg dringend ein positives Resultat.

Und so geschah es. Das Spiel gegen Duisburg war sicherlich in dieser Hinrunde das allerwichtigste Spiel. Nach einem 1:7 zurückzukommen und um jeden Millimeter Boden zu kämpfen, das zeigte, dass unser Team Charakter hatte. Wir gewannen das Spiel mit 2:1. Nach dem Spiel machte sich Erleichterung breit, am Ende der Partie war es noch einmal knapp geworden. Aber wir waren jetzt erlöst, wie die nächsten Wochen zeigen sollten. Im nächsten Spiel mussten wir zum VfB Lübeck und siegten dort mit 5:3. Zur Halbzeit, wir führten locker mit 3:1, gab es eine ganz komische Auswechslung bei uns. So etwas habe ich noch nie erlebt. Jörg Berger zu Willi Landgraf: „Willi, ich muss dich rausnehmen. Aber keine Angst, du spielst nächste Woche wieder." Willi zu Berger: „Trainer, warum?" Begründung Berger: „Du bist elfmetergefährdet." Hört sich komisch an, ist es auch. Wir haben uns kaputtgelacht.

Willi ist damit der erste und einzige Spieler, den ich kenne, der jemals elfmetergefährdet war. Aber so war Trainer Berger, ich bin froh, dass ich mit ihm zusammenarbeiten durfte. Berger war der sympathische Mann, der nach außen ungeheure Wirkung hatte, der auch für die Presse immer ein Wort übrig hatte. Und dann war da Frank Engel, seine rechte Hand. Eigentlich seine rechte und linke Hand. Er hat das ganze Training strukturiert, hat alles akribisch aufgeschrieben, hat die Gegner beobachtet, war einfach sehr wichtig. Das Tandem mit dem ruhigen und sachlichen Frank Engel und dem in der Öffentlichkeit sehr geschickten Jörg Berger hat gut funktioniert.

Das Spiel in Lübeck ging, wie gesagt, 5:3 aus. Dennoch gab es nach dem Schlusspfiff noch Aufregung. Wir hatten einen Ersatz-Busfahrer dabei, der aß während des Spiels zwei oder drei Würstchen. Die waren höchstwahrscheinlich nicht ganz in Ordnung, jedenfalls klappte der Mann nach dem Spiel zusammen. Wir hingen also in Lübeck fest, weil wir keinen Fahrer hatten und mussten einige Stunden da ausharren. Der Busfahrer der Lübecker hat uns aber nach Aachen gebracht. Nach dem Sieg und der Warterei nahmen wir uns die Freiheit, unterwegs einmal mehr anzuhalten und Bier nachzuladen. Coach Berger hatte nichts dagegen. Es folgten weitere Siege gegen Unterhaching, wo ich beim 5:1 auch unter den Torschützen war, und in Regensburg, wo Alex Klitzpera an seinem Geburtstag beide Tore erzielte. Auch das Heimspiel gegen Trier gewannen wir nach Toren von Dennis Brinkmann und Emu Krontiris mit 2:0. Fünf Siege in Folge, 20 Punkte nach zehn Spieltagen, zwei im Schnitt pro Spiel. Damit steigt man auf. Unsere Situation hatte sich geändert, wir übernahmen die Tabellenführung. Mehr Selbstvertrauen, als wir es Ende Oktober 2003 hatten, kann man eigentlich gar nicht haben. Die zweite Pokalrunde gegen 1860 München kam uns gerade recht. Die Münchener waren zwar Erstligist, aber dennoch nicht unbesiegbar, wie die Beobachtungen ergeben hatten. Der Tivoli war voll. Benni Lauth ging in den Sechzehner und Willi Landgraf machte einen überragenden Griff – wenn er American Football-Spieler gewesen wäre. Es war aber leider kein Touchdown, sondern es gab Elfmeter für 1860, den Lauth auch souverän verwandelte.

»Kalla Pflipsen legt den Ball über die Verteidigung, ich strecke mich und hebe den Ball über Reinke ins Tor. 1:1. Wir werden immer stärker.«

Trotzdem ging es in die Verlängerung. Weil wir zwar gut spielten, aber nicht zum Abschluss kamen, ging es ins Elfmeterschießen.

»Der Schiri entscheidet sich für das Tor am Würselener Wall. Ich bin der erste Schütze. Es ist ein verdammt langer Weg bis zum Tor. Ich bekomme den Ball. Ich fühle mich gut, der muss jetzt rein. Und er geht rein. Rechts oben, patsch, wir führen. Was für eine Stimmung, Gänsehautatmosphäre.«

Die weiteren Strafstöße wurden verwandelt, alles deutete darauf hin, als würde es nach je fünf Schützen weitergehen. Krontiris, Michalke, Pflipsen und Grlic trafen, bis nur noch Remo Meyer übrig blieb. Vier Mal schossen die Münchener in die rechte Ecke, vier Mal flog Straubi nach links. Remo Meyer hielt sich an den Rhythmus seiner Vorgänger, aber Straubi machte den Spielverderber und fischte den Elfer aus dem Eck.

»Wir lassen uns feiern, irgendwie komme ich mir vor wie im FA-Cup mit dem FC Liverpool. Ich denke nur: Das möchtest du noch einmal erleben.«

Am 9. November 2003 besiegten wir Arminia Bielefeld mit 2:0. Nach dem Spiel kam heraus, dass Daniel Gomez ein verbotenes Mittel genommen hatte. Die Doping-Affäre Gomez begann – und sorgte natürlich für mächtig Unruhe im Verein. Daniel hatte seit Wochen Leistenprobleme und fuhr in seiner Verzweiflung zum Arzt seines ehemaligen Vereins Virton. Der injizierte ihm das Mittel in die Leiste. Daniel hätte die Behandlung nur angeben müssen und alles wäre in Ordnung gewesen. So schadete er sich aber in erster Linie selbst.

Zunächst wurde er vom Verein suspendiert, Anfang Dezember leitete der DFB ein Verfahren gegen ihn ein. Nach langem Hin und Her wurde er schließlich im Januar zu zwölf Spielen Sperre verurteilt – mehr als ein Drittel der Saison. Ich denke, dass die Sprachprobleme einen großen Anteil an dieser Sache hatten. Daniel konnte sich zu diesem Zeitpunkt nicht besonders gut verständigen. Er wollte ja auch seine Leistung nicht steigern, sondern endlich wieder ohne Schmerzen Fußball spielen. Fakt ist, dass er ein verbotenes Mittel genommen hat, das man nur hätte melden müssen. Fertig. Daniel tat uns natürlich Leid, jeder im Verein versuchte, ihn aufzubauen. Er fing gerade an zu treffen, als ihn die Sperre traf. Es spricht für seinen Charakter, dass er im Frühjahr in guter Form zurückkam. Unser Glück war, dass kein einziges Spiel wiederholt werden musste oder gegen uns gewertet wurde.

Der Spielplan wollte es, dass wir im nächsten Spiel nach Bielefeld wieder gegen einen Mitkonkurrenten antraten. Der 1. FC Nürnberg kam an den Tivoli und wir wollten dieses zweite Heimspiel in Folge nutzen, um einen Schritt nach vorne zu machen und den Abstand auf die Nürnberger zu vergrößern. Daniel Gomez, dessen Regelverstoß in dieser Partie noch nicht bekannt war, brachte uns in Führung. Es war ein brisantes Spiel, ein Montagabend unter Flutlicht auf dem Tivoli. Ein paar Minuten nach unserer Führung kam ein langer Ball von Stefan Blank über die Abwehr.

» **Ich mache mich lang, um den Ball zu erreichen. Schäfer kommt aus seinem Kasten, ich habe den Ball im Blick. Zwei Gewalten prallen aufeinander, es tut unheimlich weh. Wir liegen auf dem Boden. Er verletzt, ich verletzt. Ich versuche, einigermaßen wieder auf die Beine zu kommen. Da zeigt der Schiedsrichter mir die rote Karte.** «

Der Schiedsrichter hatte eigentlich keine Wahl, als mir meine zweite gelbe Karte zu zeigen – auch wenn ich überhaupt nichts dafür konnte. Ich hatte mich nur auf den Ball konzentriert und überhaupt nicht gesehen, dass der Torwart aus seinem Kasten gekommen war. Ich musste vom Feld, aber die Leute im Stadion wollten das nicht wahrhaben. Sie warfen einige 12 Gramm schwere Pappbecher und andere Gegenstände auf das Spielfeld. Einer der Becher traf wohl den Nürnberger Trainer Wolfgang Wolf am Kopf. Das tat anscheinend mehr weh, als man sich vorstellen kann.

Es gab Tumulte, weitere Gegenstände flogen. Einige Nürnberger Ersatzspieler hielten es für nötig, Sachen zurückzuwerfen. Das hat die Situation nicht verbessert, die Sache ist eskaliert. Beide Mannschaften verließen den Rasen und gingen in die Kabine. Nach zehn Minuten ging es weiter, aber ohne Trainer Wolf auf der Bank. Wir hatten das nächste Problem. Natürlich ist es richtig, dass solche Sachen bestraft werden. Ob damals alles sauber war – ich weiß es nicht. Ob alle ehrlich waren – ich weiß es nicht. Fakt ist, dass wir das Spiel gegen Nürnberg wiederholen mussten. Als erste Begegnung der Rückrunde, ohne Zuschauer. Außerdem verhinderten Netze vor dem Fanblock jetzt, dass Gegenstände auf den Platz fliegen und dass die Leute das Spiel vernünftig sehen.

Mitten in diese Phase, in welcher der Verein von allen Seiten angeschossen wurde, fiel unser Pokalspiel in Braunschweig. Es herrschte bei uns eine Stimmung, die richtig komisch war. Ich weiß gar nicht, wie ich das richtig beschreiben soll. Wir wollten alle zusammenstehen, weil alle auf uns einkloppten. Doping-Fall, Ausschreitungen, ein Spiel ohne Zuschauer, rote Karten – der Verein gab ein sehr negatives Bild ab. Wir saßen in Braunschweig im Hotel, die Mannschaft, die Trainer und der Manager.

Auch der Präsident war dazugekommen. Jeder, der das Bedürfnis hatte, etwas zu sagen, konnte das tun. Jörg Schmadtke redete, auch Horst Heinrichs sagte etwas und auch unser Kapitän Kalla Pflipsen. Allen war klar, dass ein Ausscheiden bei einem Regionalligisten unsere Situation wahrlich nicht besser machen würde. Positive sportliche Schlagzeilen waren gefragt. Und die lieferten wir. Was war das für ein Spiel! Wir haben Braunschweig nach allen Regeln der Kunst vorgeführt, von der ersten bis zur letzten Minute. Obwohl: Bis zur letzten Minute mussten wir gar nicht gehen. Nach 65 Minuten stand es 5:0. Es war herrlich zu sehen, wie emotional der Präsident uns nach dem Sieg gratulierte und wie sich der Manager über unsere Reaktion freute. Wir hatten das getan, was wir können, und uns nicht von dem ganzen Müll im Umfeld beeindrucken lassen. Jeder war froh, jeder war erleichtert. Es war ein ganz spezieller Abend damals in Braunschweig. Komischerweise geriet der Motor nach der Produktion in Braunschweig ins Stocken. In den restlichen Spielen der Hinrunde, puuh, da hatten wir so unsere Probleme. Schon das 1:0 im Heimspiel gegen Oberhausen war eine schwere Geburt. Danach brachten wir es in Ahlen auf halb gefrorenem und halb matschigem Boden zu einem 0:0, mit dem man gerade noch leben kann. Am 17. Spieltag bekleckerten wir uns gegen den Karlsruher SC wieder nicht mit Ruhm. Es fielen keine Tore. Trotz schwacher Spiele hatten wir mit einem einzigen Tor fünf Punkte aus drei Spielen geholt.

Skiurlaub in Zermatt

Endlich Winterpause. Ich fuhr in den Urlaub, wie ich es eigentlich immer tue. Es ging mit Sandra nach Zermatt, in mein eigenes kleines Höhentrainingslager. Ich fahre Ski und wann immer es geht, mache ich Halt an einer Hütte, um die Gastronomie in den Bergen ein wenig anzukurbeln. Ich fahre möglichst den ganzen Tag, von frühmorgens bis abends. Wenn es schon fast dunkel wird, fahre ich für eine letzte Abfahrt immer noch mal hoch. Ich genieße das sehr, dort oben zu sein, mit ein paar Freunden und meiner Frau. Ein gutes Hotel mit Wellness-Bereich, damit man auch in die Sauna gehen kann – dann ist Erik zufrieden. Ich war froh über die Winterpause. Die letzten Spiele hatten sehr viel Kraft gekostet. Außerdem stand ich ja immer im Rampenlicht und ich versuchte, diese Rolle auch auszufüllen und mich immer zu zeigen. Das funktionierte eigentlich recht gut. Wir waren gut durch die Runde gekommen, hatten noch das „Geisterspiel" vor uns und die Bayern im Pokal. Ich ließ mir alles noch einmal durch den Kopf gehen und dachte: „Es war eine gute Entscheidung, nach Aachen zu kommen." Allerdings war es nicht der ruhige Karriere-Ausklang, den ich vielleicht erwartet hatte. „Ist das normal für einen Zweitligisten, dass so viel passiert?"

Ich begann, wieder meine Läufe zu machen, um fit für die Rückrunde zu werden. Alemannia hatte sich für ein Trainingslager in Belek, Türkei, entschieden. Wir hatten Glück, dass wir es überhaupt bis dahin schafften. Einige Mannschaften, die am Tag nach uns dorthin fliegen sollten, konnten wegen der starken Unwetter die Reise erst verspätet antreten. Das Wetter war wirklich unglaublich, so viel Regen und Wind. In unserem riesigen Hotel waren sechs oder sieben Profimannschaften und alle saßen zum Essen gemeinsam in einem einzigen Saal. Das Personal dort hat sich richtig Mühe gegeben, aber bei so vielen Fußballern kann es schon mal Probleme geben. Pikant war, dass auch der 1. FC Nürnberg, unser kommender Gegner im Geisterspiel, dort untergebracht war. Von Thomas Stehle und Kristian Nicht, die nach dieser Saison aus Nürnberg zu uns wechseln sollten, habe ich später erfahren, dass die Nürnberger Spieler nicht mit uns sprechen durften. Was für ein Blödsinn! Man kennt sich untereinander, warum sollte man sich also aus dem Weg gehen, weil es bei einem Spiel mal Ärger gab? Ich kannte Stephan Passlack, also habe ich auch mit ihm gesprochen. Es war schon komisch. Außer Nürnberg war noch Werder Bremen da, Fenerbahce Istanbul mit

Christoph Daum, ein paar niederländische Zweitligisten und ein paar russische Mannschaften, über deren Benehmen in der Sauna ich mich jetzt lieber nicht weiter auslasse.
Ich unterhielt mich mit Christoph Daum und seinem Assistenten Roland Koch, mit denen ich bei Bayer Leverkusen eine sehr erfolgreiche Zeit hatte. Ich muss gestehen, dass Daum einer der Trainer ist, vor denen ich den größten Respekt habe. Er war immer anwesend, hat aber dennoch Abstand zur Mannschaft gehalten. Die Dinge liefen von Daum über Koch zur Mannschaft und umgekehrt. Christoph Daum konnte Spieler so motivieren, dass sie im richtigen Moment das Richtige gemacht haben. Für mich ist Christoph Daum ein sehr guter, großer Trainer. Ich persönlich habe kein Problem damit, dass er dann ab und zu eine Linie gezogen hat, ganz unabhängig natürlich von der öffentlichen Wahrnehmung und seiner Vorbildfunktion. Aber ich denke nicht, dass er dadurch ein schlechter Trainer war. Ich schätze ihn sehr und dementsprechend herzlich war damals die Begrüßung. Man konnte damals sehen, welcher Rummel um ihn in der Türkei herrschte. Er hatte eigentlich ständig ein Kamera-Team um sich.

Die Vorbereitung war gediegen hart, aber nicht zu hart. Wir hatten das Gefühl, dass wir gut gewappnet in die Rückrunde gingen, die für uns ja verfrüht mit dem Geisterspiel gegen Nürnberg begann. Als wir aus der Kabine kamen, haben wir aus Jux den nicht vorhandenen Fans zugewunken. Auf der Tribüne waren ein paar Ordner, wie sich herausstellte, war ein Teil unserer Frauen-Volleyballmannschaft dabei, die auch in der Zweiten Bundesliga spielt. So waren wenigstens ein paar Fans da. Wir gewannen das Spiel mit ein wenig Dusel und waren somit verspätet Herbstmeister. Wir hatten T-Shirts vorbereitet, die wir jetzt überstreiften. Nach dem 1:0 im ersten Spiel hatten wir wieder gewonnen, also war es auch gerecht. Meine Meinung ist, dass dieses Geisterspiel nicht hätte sein müssen. Das erste reguläre Rückrundenspiel war ein Heimspiel gegen Wacker Burghausen. Es war unglaublich windig an diesem Tag. So weit ich mich erinnern kann, spielten wir in der ersten Hälfte gegen den Wind. Es war ein Spiel auf ein Tor, aber wir haben den Ball nicht reinbekommen. So einfach war das. Wir haben alles versucht, gedrängt und gepresst, unglaublich viel Power gemacht. Burghausen machte das Tor, wir liefen hinterher. Aber an diesem Tag war es wie verhext. Es war keine gute Generalprobe für das Spiel gegen die großen Bayern.

DIE POKAL-FIGHTS

Es war nach dem Spiel gegen Oberhausen, als wir in unserer Ecke im VIP-Zelt gemeinsam die Auslosung für die nächste DFB-Pokalrunde anschauten. Den ersten Jubel gab es, als Alemannia als Erstes gezogen wurde. Wir hatten also wieder ein Heimspiel. Und dann willst du natürlich auch einen vernünftigen Gegner haben. Bayern, Gladbach, Bremen. Es wurde Bayern München. Riesenjubel in unserem damals noch etwas kleineren VIP-Zelt. Das bedeutete natürlich ein Live-Spiel, eine volle Hütte und einen Zustand irgendwo zwischen totaler Begeisterung und Hysterie in der Stadt. Die Leute von unserer Marketingabteilung hatten jedenfalls die Dollarzeichen in den Augen. Jeder von uns Spielern war trotz allem so realistisch zu wissen, dass wir normalerweise gegen Bayern keine Chance haben – außer an diesem 4. Februar. Für einen Zweitligisten ist das ein absolutes Ausnahmespiel, da trifft man nicht so oft auf Bayern München, schon gar nicht im eigenen Stadion. Also war jeder heiß auf das Spiel. Unser Vorteil war, dass wir in einem Pokal-Viertelfinale gegen den FC Bayern München überhaupt nichts zu verlieren hatten.

Für mich waren die Tage vor dem Spiel vielleicht die emotionalsten meines Lebens. Am Sonntag nach dem Burghausen-Spiel, also drei Tage vor Bayern München, hatten Sandra und ich Freunde eingeladen. Wir saßen im Wohnzimmer, der Kaffee lief, wir aßen Kuchen. Das Telefon klingelte, meine Mutter war auf der anderen Seite der Leitung. „Papa geht es nicht gut. Ich bin im Krankenhaus, bitte komm so schnell wie möglich her.“ Ich fragte, was los sei, und sie sagte, er habe was am Herzen. Ich erschrak. Innerhalb von zehn Minuten saßen wir im Auto und waren auf dem Weg zum Krankenhaus in Maastricht. Sandra fragte, ob ich fahren könne. Aber ich war eigentlich ganz ruhig, dachte aber darüber nach, was da passiert sein könnte. Wir betraten die Intensivstation und trafen meine Mutter. Sie saß im Warteraum und weinte. Und wenn meine Mutter weint, dann werde ich auch schwach. Aber das durfte ich nicht. Ich hatte das Gefühl, ich müsste stark bleiben und mich um meine Mutter kümmern.

Sie erzählte uns, was passiert war. Auf einem Spaziergang konnte mein Vater auf einmal nicht mehr Schritt halten, als es ein wenig bergauf ging. Als mein Vater sagte, er habe so einen Druck auf der Brust, sind sie sofort umgekehrt und meine Mutter hat ihn ins Krankenhaus gefahren – die goldrichtige Entscheidung. Mein Vater kam mit viel zu hohem Blutdruck dort an, er hatte einen Herzinfarkt gehabt. Er wurde gecheckt, die verstopfte Stelle in der Arterie wurde gefunden und ein Stent gesetzt. Trotz seiner Altersdiabetes war der Rest seines Herzens glücklicherweise in Ordnung. Ich verbrachte den gesamten Sonntag im Krankenhaus. Abends konnten wir schon wieder mit meinem Vater sprechen. Er machte Witze. Ich weiß, dass mein Vater Angst hat, wenn er in solchen Situationen Witze macht. Das merkte man ihm auch an. Er wurde aber immer ruhiger und bekam Riesenhunger, was in unserer Familie ein gutes Zeichen ist. Wenn ich krank bin, muss ich trotzdem immer essen. Und wenn ich mehr esse, bin ich auf dem Weg der Besserung. Das ist bei meinem Vater genauso. Wir gingen zumindest mit dem Gefühl nach Hause, dass er da in guten Händen war.

Der Montag begann komisch. Anrufe im Krankenhaus und bei meiner Mutter. Wie geht es meinem Vater? Kann ich etwas für meine Mutter tun? Zwei Tage vor dem großen Spiel hatte ich keine Spur von Bayern München im Kopf. Ich fuhr zum Tivoli, ging ins Büro von Jörg Berger und erzählte ihm von der Herzattacke meines Vaters. Er stellte mir frei, am Training teilzunehmen. Ich wollte unbedingt raus auf den Platz, um mir nach dem Schock ein wenig Ablenkung zu verschaffen. Das Training tat mir gut, es brachte mich auf andere Gedanken. Der Zustand meines Vaters stabilisierte sich, aber er würde noch einige Tage im Krankenhaus bleiben müssen. Am Abend vor dem Spiel schaute ich noch einmal bei ihm vorbei. Er sagte: „Junge, meine Karten fürs Spiel kannst du weggeben. Das schaffe ich nicht." Ich sagte: „Es passiert nicht oft, dass du ein Spiel vorbeigehen lässt." Und dann machte ich ihm ein Versprechen: „Pa, ich werde das Spiel morgen für dich entscheiden." Ich schnappte mir meinen Vater zum Abschied. Als wir uns umarmten, war mir klar: „Du musst ein Riesenspiel machen."

Am nächsten Morgen war es schwierig, überhaupt zum Stadion zu kommen. Ich habe rund um den altehrwürdigen Tivoli noch nie so viele Journalisten, Techniker und Busse gesehen. Schon Wochen vor dem Spiel war in Aachen deutlich zu spüren, dass etwas Besonderes vor der Tür stand. In Schlangen haben die Fans vor unserem Fanshop gestanden, bis zur Aral-Tankstelle auf der Krefelder Straße standen die Menschen. Einige verbrachten die Nacht im Schlafsack vor unserem Shop. Studenten verdienten sich ihre Monatsmiete, indem sie für Karten anstanden und die dann verkauften. Du hast gespürt, was hier los war, Alemannia was it. Das ganze Drumherum deutete auf ein großes Spiel hin. Da wurde noch ein Extra-Studio fürs ZDF aufgebaut, damit Franz Beckenbauer das Spiel seiner Bayern auch analysieren kann.

Unsere Alemannia-Legende Jupp Martinelli wurde ausführlich zu seinen Erinnerungen an die Spiele gegen Bayern München befragt. Die Zeit 1969/1970 wieder auflebte. Franz konnte sich gut an die Spiele erinnern, Jupp auch. Schöne Gespräche waren das. Sogar unser Spielertunnel, übrigens einer der engsten, den ich je gesehen habe, wurde noch einmal mit gelber Farbe angestrichen, um es den Jungs aus München wenigstens ein bisschen gemütlich zu machen. Die sind vom Hocker gefallen, weil sie ihr Olympiastadion gewöhnt waren. Sie kamen vom Stadion mit der schlechtesten Stimmung in ganz Deutschland in das mit der besten, in dem dafür die Umkleidekabinen aus der Zeit vor dem Zweiten Weltkrieg stammen.

Das ging eigentlich nicht. Dabei hatten die Bayern noch Glück, denn sie hatten warmes Wasser. Wir hatten immer die Wahl: Entweder lief die Rasenheizung oder wir hatten warmes Wasser zum Duschen. Beides gleichzeitig war unmöglich. Zum Glück für die Bayern war es frostfrei.

Wie gewohnt trainierten wir am Morgen vor dem Spiel. Nach der Einheit bat ich noch um ein paar Flanken, um das richtige Timing zu bekommen. Also hat Dennis Brinkmann mit seinem steifen linken Huf einige Flanken gebracht. Dennis war eigentlich Rechtsfuß, spielte bei uns aber häufig auf der halblinken Position im Mittelfeld. Streng genommen, spielte Dennis im Laufe der Zeit eigentlich auf jeder Position. In der Defensive konnte er ohnehin überall eingesetzt werden, aber zwischenzeitlich hat er sogar mal im offensiven Mittelfeld gespielt. Im diesem Training flankte er von der linken Seite. Dennis bewegte seinen Schwarzenegger-Körper also auf die linke Außenbahn und brachte auf seine unelegante Art und Weise die Bälle genau auf meinen Kopf. Ich hatte ein gutes Gefühl und ging mit einem gut verwandelten Kopfball in die Kabine. Duschen, kurz von den

Physios pflegen lassen und dann ab ins Hotel. Nach dem Mittagessen beantwortete ich noch ein paar E-Mails, wie ich das immer tue, und legte mich dann ein paar Stunden hin. Es war derselbe Ablauf wie immer: Drei Stunden vor dem Spiel die letzte Mahlzeit, meistens Spaghetti. Danach die Besprechung. Jörg Berger erinnerte uns daran, dass wir ganz locker ins Spiel gehen könnten. Er führte uns vor Augen, dass Bayern München nicht gut aus der Winterpause gekommen war und dass unser aggressives Spiel dieser Truppe nicht behagen würde.

Ich stieg ins Auto ein, um die wenigen hundert Meter vom Quellenhof zum Stadion zu fahren. Wie immer hörte ich „Where the streets have no name“ von U2. Laut, sehr laut. Deshalb fahre ich am liebsten allein. Es ist jedes Mal ein geiles Gefühl, wenn sich die schwarzgelbe Welle ihren Weg aus der Stadt zum Stadion bahnt, die meisten zu Fuß. Wenn du über den Hügel kommst, und das Flutlicht brennt – unbeschreiblich. Da fängt mein Motor an zu laufen, das Adrenalin ist plötzlich da. Ich fuhr die Krefelder Straße hinunter, um dann vor dem Stadion einen kurzen, illegalen U-Turn zu machen. Weil so viel los war, spielte ich mein Lied fast zweimal, ehe ich meinen Wagen auf dem Vereinsgelände abstellte.

Ich zog eine Jacke über und ging hinaus aufs Spielfeld, um die Atmosphäre zu schmecken. Das Gute in Aachen ist, dass die echten Fußball-Liebhaber mehr als eine Stunde vor dem Spiel ins Stadion kommen. Es sind die Leute mit Schal, Mütze und Trikot, – am liebsten mit meinem Namen drauf, das sehe ich gerne – die sich dort mit Freunden treffen und sich einheizen, genau wie ich das mache. Du kommst also auf den Rasen marschiert und bekommst die letzte Portion Überzeugung, dass du nachher auf dem Feld eine tolle Leistung abliefern musst – nur um die Leute nicht zu enttäuschen.

Auf dem Rückweg in die Kabine lief mir Roy Makaay über den Weg. Wir sprachen darüber, wie es bei ihm und den Bayern läuft. Er lobte die Qualität des Rasens und das enge Stadion. „Aber die Kabinen könnten ein bisschen besser sein.“ „Herzlichen willkommen zurück in Holland“, antwortete ich, weil das bei den älteren Stadien in den Niederlanden genauso war. Er schmunzelte und wünschte mir ein gutes Spiel. Ich machte mich fertig und ging hinüber zu Jupp. Er tapte meinen rechten Knöchel, den ich mir in Hamburg verletzt hatte und der seitdem nie wieder richtig verheilt war. Seitdem ich dort irgendwann mal eine Entzündung gehabt hatte, klebte ich auch immer meine linke Ferse ab. Fußballer sind eben komische Leute. In unserer Kabine lief Musik, wie das immer ist. Auf einem großen Flip-Chart stand die Einteilung bei Standard-Situationen. Wer ist in der Mauer, wer für wen bei Eckbällen zuständig. Jemand rief: „Jungs, wir müssen raus." Willi Landgraf und ich gingen immer als Letzte ins Stadion, Willi als Letzter, ich davor. Unsere Fans hatten sich wieder einiges ausgedacht, begrüßten uns mit einer Choreografie. Es herrschte eine wunderbare Stimmung, die Erwartung der Menschen war greifbar, alles deutete auf einen tollen Fußballabend hin. Wir kamen gut ins Spiel, mein Sturmpartner Emu Krontiris hatte einige gute Szenen.

»Kahn und Sagnol motzen sich an. Gut, denen passt das hier nicht. Wir starten einen Angriff über die rechte Seite. Ich bekomme den Ball, spiele ihn zurück auf Grlic. Ivo gibt rüber auf Blank. Der haut den Ball aus über 30 Metern aufs Tor. Der Schuss hat Effet, Kahn macht einen Schritt in die falsche Ecke. Das Ding schlägt im Netz ein. Ein Orkan aus Jubel und Lärm bricht über das Stadion herein.«

Die Leute auf der Tribüne hatten in diesem Moment eine Menge Spaß, aber wir unten auf dem Platz auch. Es brodelte. Ich hatte acht Freunden Karten für das Spiel besorgt. Weil es keine Sitzplätze mehr gab, standen sie im S-Block, dort, wo die eingefleischten Fans sind, die jetzt einen Höllenlärm machten. „Nehmt diese Tickets", hatte ich ihnen gesagt. „Es sind die Besten im ganzen Stadion." Meine Freunde haben sich hinterher bei mir bedankt, dass sie das erleben durften.

Wir spielten sehr konzentriert, ab und zu ein wenig hart, aber das war unsere einzige Chance, Bayern München zu schlagen.

»Lizarazu kommt an den Ball und schlägt die Flanke vors Tor. Wo kommt Ballack denn her? 1:1, der beste Spieler der Bayern köpft kurz vor der Pause den Ausgleich. Aus dem Nichts.«

Halbzeit. Wir wurden mit riesigem Applaus begleitet. Trotz des Nackenschlags waren wir überzeugt von uns. Willi Landgraf rettete einmal auf der Linie. Unser Tainer hat dann für die Wende gesorgt, indem er Bachirou Salou und Frank Paulus eingewechselt hat, die mit ihrer Schnelligkeit für Schwung sorgten.

» **Bachi und Frank sind auf der rechten Seite durch. Salou legt zurück, Frank bringt den Ball gleich vor die Kiste. Ich springe höher als Demichelis und köpfe den Ball unhaltbar für Kahn ins Eck.** «

Ich explodierte in diesem Moment. Ein Brocken an Emotionen, der sich in den letzten Tagen aufgestaut hatte, fiel von mir ab. Ich zog das Trikot über den Kopf und zeigte den Leuten, was ich mir auf die Brust geschrieben hatte: Veur Pa! Für meinen Vater. Eric van der Luer hatte mir vor dem Spiel dabei geholfen. Das Komische war, dass es wirklich so gekommen ist, dass du in genau diesem Spiel dann auch ein Tor machst. Das Tor. Ich lief mit geschlossenen Augen 25 Meter weit. Alex Klitzpera fing mich dann irgendwann auf. Ein geiler Moment. Ich glaube, diese Sekunden waren die schönsten meiner Fußballkarriere. Ich vermute, im Krankenhaus von Maastricht hatte jemand just in diesem Moment wieder erhöhten Blutdruck und hat allen Leuten erzählt, dass sein Sohn da gerade die Bayern aus dem Pokal geschossen hatte. Ich dachte nicht einen Moment daran, dass die Bayern in der verbleibenden Spielzeit noch ein Tor machen würden. Wir waren uns sicher, wir stopften alle Löcher. Willi kämpfte bravourös gegen Hasan Salihamidzic, provozierte ihn, wie nur er es kann. Roy Makaay steckte bei Alex Klitzpera in der Hosentasche, was uns sehr geholfen hat. Am Ende ist Stephan Straub ein paar Mal aus seinem Tor gekommen und hat alles weggepflückt, jedes Mal begleitet von lautem Jubel.

Abpfiff. Eric van der Luer kam auf mich zu und schnappte mich. Ich konnte die Tränen nicht zurückhalten und fing an zu weinen. Jupp Vanhouttem kam auch dazu, ich habe ihn noch nie so schnell einen 50-Meter-Sprint absolvieren sehen. Da stand auch schon unser damaliger Pressechef Thomas Mörs vor mir und fragte, ob ich live ein Interview geben würde. Ich schnappte mir eins von den T-Shirts, die sie für uns vorbereitet hatten. Das Interview mit Boris Büchler kennen wahrscheinlich die meisten. Ich konnte gar nicht richtig auf seine Fragen antworten, sondern habe nur irgendwas in die Kamera gesagt. Am Ende sagte ich noch „Für dich, Pa“, und musste mich wegdrehen.

Mein Vater war immer mein größter Förderer, aber auch mein größter Kritiker. Wenn ich schlecht gespielt habe, hat er mich richtig zur Schnecke gemacht. Es hat Jahre gedauert, bis ich mich stark genug fühlte, ihm ein Widerwort zu geben. Er war hart, aber gerecht. So bin ich auch erzogen. Wir wohnten über unserer Metzgerei, meine Eltern, meine beiden jüngeren Schwestern Ester und Vivy und ich.

Da war nicht viel Platz, also musste alles seine Ordnung haben. Jedes Wochenende halfen wir Kinder im Betrieb mit. Mit dem Fahrrad und später auf dem Moped lieferte ich die Außer-Haus-Bestellungen im Dorf aus. In einem kleinen Korb transportierte ich Fleisch und Wurst, klingelte bei den Leuten, übergab die Ware und kassierte. Samstags waren Rasenmähen und Autowaschen angesagt. Meine Schwestern spülten, erledigten Einkäufe oder halfen sonst irgendwie. Wir mussten knallhart arbeiten, aber das war eine gute Lehre. In der Freizeit war die Familie heilig.

Meine Eltern Gerda und Jaak

Ich schätze, wir haben alle Vergnügungsparks in ganz Nordeuropa besucht. De Efteling, Phantasialand, Bobbejaanland, Walibi und wie sie alle heißen. Im Winter fuhren wir in die Ardennen zum Langlauf, immer alle zusammen. Sport spielte eine große Rolle bei den Meijers. Meine Mutter spielte Volleyball, mein Vater war wie ich Stürmer und in unserer Region ein bekannter Fußballer, der es aber nie ganz nach oben geschafft hat. Brachte ich jedoch schlechte Noten nach Hause, verbot mein Vater mir das Fußballspielen. Einmal sagte ich ihm, ich wolle mir das Spiel trotzdem anschauen gehen und spielte dann mit den Schuhen meines Freundes Roel Coumans. Ein paar

Tage später erzählte ein Mann in der Metzgerei von meinen tollen Toren im letzten Spiel. Das nächste Geräusch war das Brüllen meines Vaters, es gab was hinter die Ohren. Im Nachhinein hat er sich mit meiner Mutter darüber kaputtgelacht, denn so etwas hätte mein Vater als junger Mann auch ausgefressen. Ich habe in dieser Hinsicht viel von ihm geerbt, Schlitzohrigkeit könnte man es nennen. Aber auch von meiner Mutter habe ich einiges mitbekommen.

Sie ist sehr ehrgeizig und fleißig. Sie stammt aus einer Bauernfamilie mit vielen Kindern, da hatte genauso jeder seine Aufgabe wie später bei uns zu Hause. Gerda ist eher der kontrollierende Faktor im Hause Meijer. Sie hat meinen Vater gebändigt, er war früher nicht der liebste Junge in der Klasse. Mit 18 hat er sich sogar der Fremdenlegion angeschlossen und wurde in Algerien ausgebildet. Mein Vater hat so viel erlebt, das liefert genug Stoff für ein anderes Buch. Meine Eltern lebten und arbeiteten zusammen, 24 Stunden am Tag verbrachten sie gemeinsam. Die Woche bestand eigentlich nur aus Arbeit, also war der junge Erik ständig unterwegs.

Es war auch gar kein Platz, um mit Freunden bei uns zu spielen, also wichen wir meistens aus. Unser Garten war tabu, nachdem wir einige Male die Tulpen des Nachbarn kaputtgeschossen hatten. Immer war ich der Jüngste, spielte mit den älteren Jungs Fußball. Zu den Spielen am Samstag erschien mein Vater fast nie, die Metzgerei war ja geöffnet. Ich vermisste ihn auch nicht, auch wenn es schön war, wenn er ab und zu aufkreuzte. Dann pfiff er immer auf seinen zwei kleinen Fingern, den Ton erkenne ich noch heute in einem Stadion mit 40.000 Menschen.

Am Anfang meiner Karriere hatten wir mit der zweiten Mannschaft von Antwerpen ein Spiel bei Lierse SK. Ich hatte es schwer dort, kam nicht richtig zum Zuge. Im strömenden Regen hörte ich plötzlich das Pfeifen, sah mich um und entdeckte meinen Vater auf der Tribüne. Dasselbe passierte mir später im voll besetzten alten Schalker Parkstadion. Ich hatte das Siegtor zum 1:0 für den HSV erzielt und hörte nach dem Schlusspfiff das Pfeifen. Da stand er mit meinem Schwager Bas, dem Mann meiner Schwester Vivy. Das Trikot aus dem Spiel hat Bas heute noch. Mein Vater hielt mir immer die Möglichkeit offen, die Metzgerei einmal zu übernehmen. Mit 15 hatte ich die Metzgerlehre begonnen, wie mein Vater in der Metzgerei Doeleman in Maastricht. Die Kombination aus Arbeit, Schule und Training machte mir nichts aus. Während meines ersten Profiengagements in Antwerpen machte ich den Meister und konnte damit den Beruf wählen. Pa riet mir, es als Profi zu versuchen. Nach einigen Jahren wurde ihm klar, dass er sich einen anderen Nachfolger suchen musste und verkaufte die Metzgerei. Meine Eltern sind Menschen, die nicht schnell aufgeben. Ihnen habe ich eine Menge zu verdanken. Einer dieser beiden Menschen hatte dem Tod ins Auge geblickt, und das hatte Spuren bei mir hinterlassen. Es gab für mich nichts Besseres, als diese Energie zu spüren und damit meinem Vater eine Stimulanz zu liefern, um wieder gesund zu werden. Ich rief meinen Vater aus der Kabine an. Er beschwerte sich, dass man ihm keinen Champagner geben wollte. Also ging es ihm gut.

Mario Adorf rundete den Abend ab. Er loste uns fürs Halbfinale Borussia Mönchengladbach zu. Wieder ein Heimspiel, diesmal ein echtes Derby. Die Stimmung im VIP-Zelt hätte bei uns Spielern, den Verantwortlichen und den Fans nicht besser sein können. Das Schönste an einem solchen Spiel ist ja, dass viele Freunde dabei sind. Christoph Hauser war den ganzen Weg von Basel aus nach Aachen gefahren, allein im Auto. Ich lernte ihn kennen, als ich wegen eines Kompartmentsyndroms in der Wade in Basel operiert wurde. Das hatte ich mir beim HSV geholt, als wir in Dortmund spielten.

Es war das Spiel, in dem ich den Schiedsrichter einen Wichser nannte – keine gute Entscheidung im Nachhinein. Christoph lag jedenfalls in Basel auf meinem Zimmer, wir verbrachten also gezwungenermaßen mehrere Tage miteinander und wurden Freunde. Während die Jungs aus der Mannschaft nach dem Sieg gegen Bayern feierten und sich feiern ließen, fuhr ich mit Sandra und Christoph nach Hause. Ich fand, es sei für mich nicht der Moment für eine große Party. Also überzeugte ich Christoph von der Qualität meines Weinkellers, während Sandra schon im Bett lag. Wir tranken bis 4 Uhr früh und hatten eine Menge Spaß. Christoph versprach mir, zum Halbfinale wieder da zu sein: „Du brauchst doch dein Maskottchen."

Viele Kamerateams und Journalisten interessierten sich nach dem Sieg gegen die Bayern plötzlich für uns. Auch um meine Person gab es viel Rummel, weil es schon eine sehr emotionale Geschichte war. Auf so was stehen die Medien natürlich. Wir versuchten, möglichst viel abzublocken. Dennoch war es nicht verwunderlich, dass wir im nächsten Ligaspiel gegen Energie Cottbus, einen Gegner, der uns nicht wirklich lag, schwer in die Gänge kamen. Wir gerieten in Rückstand und hatten die Chance, durch einen Elfmeter zum Ausgleich zu kommen. Christian Beeck riss mich im Sechzehner um, doch Kalla Pflipsen verschoss den Strafstoß. Fast im Gegenzug machte Cottbus das 2:0. Ich habe mich in dem Spiel auch noch an der Schulter verletzt, wurde kurz vor Schluss ausgewechselt und fuhr zum Röntgen ins Krankenhaus. Zum Glück war nichts kaputt, nur die Bänder überdehnt. Zum Schmerz in der Schulter gesellte sich dann der Schmerz über das verlorene Spiel. Wir hatten im Pokal etwas Überragendes erreicht, aber im Kampf um den Aufstieg ziemlich unnötig drei Punkte liegen gelassen. Es war die zweite Heimpleite in Serie. Das hatte ich in Aachen noch nicht erlebt.

Ich kam jetzt in eine Phase, in der ich von einer Verletzung zur nächsten taumelte. Die gesamte nächste Woche konnte ich nicht trainieren, weil das Risiko für die Schulter zu groß war. Ich machte meine Läufe, weil ich die Mannschaft um jeden Preis unterstützen und in Aue spielen wollte. Also setzte ich mich mit Jupp Vanhouttem zusammen. „Was kannst du machen?“, fragte ich ihn. Jupp hatte nach über 25 Jahren beim Verein einen riesigen Brocken Erfahrung und schlug vor, die Schulter zu tapen. Wir testeten das Ganze am Tag vor dem Spiel und ich war zuversichtlich, dass alles hält.

Nach wenigen Spielminuten vergaß ich dann aber meine Schulter, denn ich hatte ein neues Problem. Ich stieg hoch zum Kopfball, Aues Torwart Jörg Hahnel kam mit angezogenen Knien aus dem Kasten und erwischte mich voll am Oberschenkel. Ich konnte kaum noch laufen. Nach einer knappen halben Stunde machte Cristian Fiel, der im Winter zu uns gekommen war, ein formidables Tor. Für mich war das der Moment, den Jungs auf der Bank mitzuteilen, dass es bei mir nicht mehr weitergeht. Unser Doc Heinz Mangels rief: „Bleib in Bewegung, bleib in Bewegung.“ Aber genau das funktionierte nicht. Ich lief eckig statt rund. Ich ging raus, zum Glück gewannen wir das Spiel durch Fielos Tor.

Meine Verletzung entwickelte sich zu etwas Außerirdischem: Ich hatte einen blauen Fleck vom Knie bis zur Hüfte, etwa 15 Zentimeter breit. So viel Blut in einem Bein hatte selbst Jupp Vanhouttem noch nicht gesehen. Durch tagelange Behandlung mit Salbenverbänden und der Saugglocke stellte er mich zum Spiel gegen Fürth aber wieder her.

Nach dem 0:0 gegen die Fürther verloren wir in Duisburg, was unseren Fehlstart komplett machte. Nur vier Punkte aus fünf Spielen. Dramatisch, wir hatten inzwischen vier Punkte Rückstand auf einen Aufstiegsplatz und bei weitem das schlechteste Torverhältnis der Top-Teams. Auch Trainer Berger fragte sich, welche Gründe das hatte. Er bat uns zur Aussprache in den Presseraum.

Berger fragte uns, welche Gründe die schwachen Leistungen hätten. Ich lief schon einige Zeit mit etwas in meinem Kopf rum. An diesem Tag habe ich es dann rausgelassen. „Ich denke, dass ich weiß, woran es liegt“, sagte ich. „Wir haben einige Spieler in der Mannschaft, die auf wichtigen Positionen spielen und die nicht hundertprozentig fit sind.“ Kalla Pflipsen reagierte und forderte mich auf, die Spieler genau zu benennen. „Ich meine dich, Grille und Quido“, entgegnete ich ihm. „Ich sage dir auch warum. Ich will aufsteigen, bin hierher gekommen, um Leistung zu bringen. Wenn ich eure Laktatwerte sehe, denke ich nicht, dass das sehr gut ist.“

Die drei, Pflipsen, Grlic und Lanzaat, hingen beim Laktat einige Prozent hinter dem Schnitt. Sie waren ungemein wichtige Spieler in unserer Mittelachse, weshalb ihre Form für das Team von großer Bedeutung war. Ich wollte den Jungs nur mitteilen, dass wir alle gemeinsam alles dafür tun mussten, das optimale Resultat herauszuholen. Wenn auf entscheidenden Positionen nur um wenige Prozent nachgelassen wurde, dann war die Alemannia der Saison 2003/2004 nicht stark genug. Wir brauchten alle. Die Kritik kam hart an bei den Jungs, aber sie war ehrlich gemeint. Ich bin keiner, der hinter dem Rücken etwas über andere sagt. Kalla rechtfertigte sich, dass sein Laktat schon seit Jahren in diesem Bereich gewesen sei, und dass er seiner Meinung nach alles für den Erfolg tue. Ich fand es gut, dass er sich überhaupt äußerte, das stimmte mich positiv.

Von diesem Zeitpunkt an merkte ich, dass meine Aussage bei den Dreien nicht gut angekommen war. Ich hoffte auf eine Trotzreaktion.

Anscheinend fruchtete es. Der Monat März war für uns ein guter Monat. Drei Siege, ein Unentschieden – die Mannschaft zeigte Charakter. Sicher waren wir keine Truppe, die jeden Nachmittag zusammen Kaffee trinken ging; dazu waren die Charaktere zu unterschiedlich. Aber wir gingen jetzt wieder auf den Platz und wollten gemeinsam etwas bewegen. Erst schlugen wir Lübeck, dann fuhren wir nach Unterhaching. Ach ja, und in der Woche zwischen diesen beiden Spielen zogen wir nebenbei noch ins Pokalfinale ein.

Leute riefen mich an und behaupteten steif und fest, sie seien mit mir zur Schule gegangen. Ich wusste bei den allermeisten hundertprozentig, dass es nicht so war. Das hinderte die Menschen aber nicht daran, trotzdem zu versuchen, über mich an Karten für das Pokal-Halbfinale gegen Borussia Mönchengladbach zu kommen. Ich schaffte es aber kaum, für meine Freunde wieder Tickets im S-Block zu ergattern – sie bestanden darauf, wieder im schwarz-gelben Herzstück zu stehen.

Diesmal mussten sie in T ausweichen, was für die Stimmung an dem Abend aber kaum einen Unterschied machte. Überflüssig zu erwähnen, dass der Tivoli wieder ausverkauft war. In unser Stadion passen ja leider nur 21.000 Leute, dann ist die Hütte voll. Eine Begegnung mit dem benachbarten Bundesligisten, dazu noch im Halbfinale des Pokals, die Aussicht auf einen weiteren prickelnden Flutlicht-Gänsehaut-Abend und natürlich das Ticket nach Berlin – wahrlich genug Gründe für einen Besuch an der Krefelder Straße.

Wir waren wieder der Underdog, eine Rolle, in der wir uns sehr wohl fühlten. Allerdings fehlte diesmal das Gefühl: „Wir haben nichts zu verlieren“. Denn wir hatten etwas zu verlieren, nämlich einen Platz im DFB-Pokalfinale in Berlin. Und für uns ergaben sich durch den Einzug von Werder Bremen ins Finale am Tag vor unserer Partie noch weitere Perspektiven. Bremen lag aussichtsreich in der Meisterschaft und besaß alle Aussichten, sich in der kommenden Saison für die Champions League zu qualifizieren. Für uns könnte also schon die Finalteilnahme einen Vorrundenplatz im UEFA-Cup bedeuten – eine kaum vorstellbare Aussicht für uns.

Die Spannung war höher als sonst. In den Tagen vor dem Sieg gegen die Bayern hatte ich keine Zeit gehabt, an Fußball zu denken. Jetzt hatte ich nur das Halbfinale im Kopf. „Wenn wir gewinnen, fahren wir nach Berlin." Der Gedanke ließ mich nicht los, denn ich war in all den Jahren noch nie in einem Pokalendspiel gewesen. Ich war also bereit, alles zu geben, aber auch für Kalla Pflipsen war das Spiel gegen seinen Heimatverein natürlich etwas Spezielles. Von der Rivalität der Fans mal ganz abgesehen. Ich möchte nicht wissen, in wie vielen Büros und Arbeitsstätten die Alemannia-Fans in den Tagen und Wochen nach dem Spiel einen süffisanten Spruch für die Kollegen übrig hatten, deren Sympathie der Borussia galt.

»**20 Minuten sind rum. Wir verlieren den Ball im Aufbau und werden kalt erwischt. Sverkos ist plötzlich da und schießt an den Innenpfosten. Glück gehabt, der Ball springt Straubi in die Arme.**«

Wir hatten gleich am Anfang eine gute Szene durch Kai Michalke, bekamen das Match aber nicht unter Kontrolle. Die Gladbacher bestimmten das Geschehen. Vielleicht waren wir doch ein wenig nervös, jedenfalls brauchten wir einige Zeit, um ins Spiel zu finden.

»**Freistoß von Grille, ich komme mit dem Kopf an den Ball. Plötzlich ist die Chance da, ich grätsche hinterher und kann schießen, knapp vorbei.**«

Kurz vor der Pause holte Jeff Strasser Kalla Pflipsen ungefähr 20 Meter vor dem Tor von den Beinen. Jeff holte sich Gelb ab, viel wichtiger war aber die gute Freistoßposition. Wir hatten da einige Spezialisten.

»**Kalla steht am Ball, Grille ist auch dabei. Blanki dreht ab, das ist eher was für einen Rechtsfuß. Ich nehme meinen Platz neben der Mauer ein, um unseren Schützen ein bisschen Platz zu verschaffen. Schiri Steinborn meint es gut, die Gladbacher müssen noch ein paar Schritte zurück. Grille schießt ihn flach an der Mauer vorbei. Ich drehe mich um und sehe, wie Reitmaier verzweifelt versucht, aus seiner Torwartecke zum anderen Pfosten zu kommen. Das reicht nicht, der geht rein.**«

Die Mauer stand falsch. Wir profitierten davon, weil Ivo Grlic das nicht nur gesehen hatte, sondern den Ball auch noch genau ins Eck setzte. Danach lief er durchs halbe Stadion und ließ sich auf sein Hinterteil fallen, ehe die ganze Mannschaft sich auf ihn stürzte und begrub.

In der Pause hofften wir eigentlich, jetzt Chancen zum zweiten Tor zu erhalten. Aber das war nicht so, wir gerieten in der zweiten Halbzeit unter Dauerdruck. Ich grätschte Jeff Strasser direkt vor der Trainerbank um und holte mir eine berechtigte Verwarnung ab. Wir schlugen die Bälle nur noch hinten raus, der Druck nahm immer weiter zu. Ich erinnere mich an eine Szene in unserem Strafraum, als mir der Ball nach einer Kopfballverlängerung an den Arm sprang. Ich drosch ihn so schnell wie möglich weg, damit erst gar keine Diskussionen aufkommen. Es war keine Absicht, aber wenn du den falschen Schiedsrichter hast, dann legt er den Ball auf den Elfmeterpunkt. Wir hatten Glück – genau wie in der Szene kurz vor Schluss, über die nach dem Spiel noch lange geredet wurde.

Flanke von rechts in den Strafraum. Arie van Lent ist in der Mitte und steigt hoch. Der Ball geht über George Mbwando weg, da kommt er nicht dran. George fährt die Hand aus und schlägt den Ball weg. „Elfmeter" fährt es mir durch den Kopf.

Jeder im Stadion hatte das Handspiel gesehen. Nur Herr Steinborn nicht, und das war unsere Rettung. Natürlich weiß ich nicht, ob Arie den Kopfball reingemacht hätte. Aber er war wie ich ein Stürmer, der mit seiner dicken Birne aus solchen Situationen gerne und häufig traf. Aber weil George die Hand Gottes ausfuhr und den Ball mit atemberaubender Technik aus der Gefahrenzone brachte, zogen wir ins Pokalfinale ein. Die Gladbacher fühlten sich sicher zu Recht bestohlen, denn man kann Hand spielen und man kann Hand spielen. Und George hatte es sehr unauffällig auffällig gemacht.

Beim Schlusspfiff riss sich ein kleiner rechter Verteidiger das Trikot vom Leib und sprintete los. Willi setzte zu einem der längsten Diver an, die der Tivoli jemals gesehen hat. Er bemerkte leider nicht, dass an seinem Landepunkt eine dieser Abdeckungen der Sprinkleranlage in den Boden eingelassen war. Die Dinger sind ja mit Kunstrasen abgedeckt, was natürlich selbst für den nach eigenen Angaben weltbesten Oberkörper von Willi Landgraf keine angenehme Landung bedeutete. Er hat das aber gar nicht realisiert, so verrückt war der. Willi hat ja sowieso schon ADHD, aber an dem Abend konnten wir ihn überhaupt nicht mehr einfangen. Es war wohl bis dato der glücklichste Moment seiner Karriere, aber mir ging es ganz ähnlich.

Als alte Säcke durften wir noch mal nach Berlin fahren. Wie gesagt, ich war nie zuvor in einem Cup-Finale und bin außer in der A-Jugend beim SV Meerssen auch nie Meister geworden – abgesehen vom Metzgermeister.

In den Monaten nach meinem Wechsel von Liverpool nach Hamburg in der Winterpause gewann Liverpool den UEFA-Pokal, den FA-Cup sowie den englischen und europäischen Supercup. Man könnte also durchaus den Eindruck gewinnen, dass ich den Verein zum falschen Zeitpunkt verlassen habe. Ich empfand den Finaleinzug mit der Alemannia als so etwas wie eine verspätete Entschädigung für diese entgangenen Titel.

Das Erreichen des Endspiels war ein Meilenstein für den Verein. Ich erinnerte mich an das Gespräch mit Jörg, der mir von den Schulden der Alemannia erzählte und dass man sie Stück für Stück abbauen wollte. Knapp ein Jahr später hatten wir durch die nicht eingeplanten Einnahmen dazu beigetragen, dass es dem Klub wieder besser ging. Natürlich profitierten wir Spieler auch davon.
Es gab eine sehr faire Prämienregelung. War das Stadion voll, gab es etwas mehr Prämie, bei einem Live-Spiel auch.

Wir blieben sehr lange auf dem Platz. Zum ersten Mal sah ich den kompletten Vorstand nach einem Spiel auf dem Rasen. Jemand hatte uns wieder T-Shirts in die Hand gedrückt, so was gehört bei solchen Spielen wohl dazu. Ausgelassen feierten wir mit unseren Fans, die uns in den Heimspielen so unterstützt hatten, wie wir es brauchten. An den entscheidenden Abenden waren wir richtig stark, deshalb fuhren wir verdient nach Berlin.

Als wir vom Rasen kamen, ging die Feier erst richtig los. Wir betraten die Hölle. Jedenfalls war in Aachen die Hölle los. Ich stellte mein Auto am Quellenhof ab, denn ich hatte in dieser Nacht nicht mehr vor, nach Hause zu fahren. Mit meinem Schweizer Kumpel Christoph Hauser, der natürlich wieder da war, ging ich zu Fuß in die Stadt. Vor dem Café Madrid versperrte eine riesige Menschenmenge den Eingang. Wer irgendwie nach Spieler aussah, kam aber doch hinein. Man brauchte ziemlich stabile Schultern, so oft wurden einem dieselben geklopft. Im Madrid hatten wir einen kleinen, abgesperrten Bereich für uns und wurden gefeiert wie die Könige. Wir tranken alles, was flüssig war. Die komplette Mannschaft war da, es gab keine Ausnahmen. Diese Geschlossenheit sprach für unsere Mannschaft, es war einfach eine tolle Nacht. Leider steht auf den weißen Magnetkärtchen, die man im Quellenhof bekommt, keine Zimmernummer. Hausi und ich brauchten am Morgen eine ganze Weile, um das richtige Zimmer auf der 3. Etage zu finden.

Nach zwei Stunden Schlaf musste ich zum Auslaufen eines Teams, dessen Restalkoholwert an diesem Morgen zum Glück niemand kontrollierte. Ich traf Christoph zum Mittagessen, bevor er wieder nach Basel fuhr. Natürlich würde er auch beim Pokalfinale wieder dabei sein.

ZWEI VERLORENE ENDSPIELE

In Unterhaching erlebten wir vier Tage später ein unglaublich kurioses Spiel. Nach unserer 1:0-Führung fiel ein Spieler nach dem anderen verletzt aus. Zunächst wechselte Berger in der Halbzeit Eric van der Luer und Frank Paulus aus, obwohl wir führten. Zugegeben, Frank Paulus hatte auf der rechten Seite etwas Ärger mit dem Ball, aber Eric machte kein schlechtes Spiel. Uns kam das etwas kurios vor. Nach der Pause fiel zuerst Grlic verletzt aus und keine 60 Sekunden später auch noch Pflipsen. Also spielten wir die letzten 25, 30 Minuten mit zehn Mann. Weil wir auf der Bank nur noch Angreifer hatten, kam Salou ins Spiel. Ich rückte als Manndecker nach hinten und drosch mit Klitze alles, was hoch und quer in den Sechzehner flog, wieder heraus. Das schafften wir bis zur 88. Minute. Da kam es nach einem Einwurf zum Duell Kai Michalke gegen Aygün – kein fairer Zweikampf. Kai hatte mit seinen 1,70 Meter gegen den 1,96-Riesen Aygün keine Chance und wir fingen doch noch einen Kopfball zum Ausgleich. Das tat weh, aber wir konnten damit leben. Hatten wir doch gezeigt, dass wir als Mannschaft zusammenstehen.

Gegen Jahn Regensburg sorgte ich für das Tor des Tages. Ich sprang gemeinsam mit dem Torwart hoch, kam an den Ball und sah ihn über die Linie rollen. Einige vermuteten, es sei ein Foul gewesen. Aber ich sprang einfach höher als er. Fertig. Aus. Tor. 1:0. Drei Punkte. Duschen. Essen. Ab nach Hause.

Chancenlos untergegangen – unter dieses Motto kann man die beiden folgenden Auswärtsspiele stellen. Wir mussten zu den beiden Top-Aufstiegsfavoriten Bielefeld und Nürnberg. Auf der Alm fanden wir überhaupt nicht zum Spiel und bekamen die Bälle rechts und links um die Ohren. Das Schlimme war: In Nürnberg lief es genauso. In beiden Partien wurden wir deklassiert, auseinander genommen, in unserer Einzelteile zerlegt. Nach dem 30. Spieltag war die Saison für uns gelaufen. „Wir kommen nie im Leben wieder ran. Das war's." So dachten wir. Gut gekämpft, aber es hat leider nicht gereicht. Vier Punkte Rückstand, eine negative Tordifferenz und zwei fette Packungen sprachen gegen uns.

Mit Ach und Krach schlugen wir am viertletzten Spieltag Osnabrück. Mehr als eine halbe Dankesrunde war nicht drin; wir waren noch viel zu enttäuscht von unseren beiden desolaten Auswärtsauftritten.

Ohne selbst daran zu glauben, waren wir plötzlich wieder im Rennen, weil Oberhausen, Bielefeld und Cottbus gepatzt hatten. Den drittletzten Spieltag verfolgten wir genüsslich, weil wir erst montags in Oberhausen ranmussten. Unsere Lage verbesserte sich schlagartig, weil Cottbus gegen den Abstiegskandidaten Lübeck nicht über ein 1:1 hinauskam. Ein Sieg in Oberhausen, und Alemannia stünde auf einem Aufstiegsplatz. Im Umfeld geschah etwas. „Wer echter Alemanne ist, fährt mit nach Oberhausen", hieß es. Wäre ich Einbrecher gewesen, ich wäre an diesem 10. Mai 2004 in Aachen auf Beutejagd gegangen, denn viele Aachener können nicht in der Stadt gewesen sein. Sie waren in Oberhausen. Und nach Oberhausen fährt man normalerweise, um im Centro etwas einzukaufen, aber sicher nicht, um Rot-Weiß Oberhausen spielen zu sehen.

Das Spiel hatte zwei entscheidende Dinge: die schwarz-gelbe Wand in der Kanalkurve und Stefan Blank.

Schon während des Aufwärmens war zu erkennen, welche Fans an diesem Abend das Sagen im Niederrheinstadion haben würden. Aber als wir dann zum Anpfiff herauskamen, war endgültig klar: Das wird ein Heimspiel. Vielleicht war es die gute Luft im Ruhrpott, die Blanki so beflügelte. Wow, hat der ein Spiel gemacht. Wir gewannen 2:1, er machte ein Tor aus dem Spiel heraus und verwandelte einen Elfmeter. Alemannia war wieder da. Mit einem Heimspiel gegen Ahlen und einem Auswärtsspiel in Karlsruhe war wieder alles drin. Der Tote lebte wieder.

„Und dann hättet ihr gegen Ahlen nur gewinnen müssen." Wie oft ich diesen Satz gehört habe. Vor diesem 33. Spieltag gab es viele Wenn und Aber. Letztlich sind alle Eventualitäten so eingetreten, wie wir es brauchten – nur das eigene Ergebnis stimmte nicht. Durch das Remis der Mainzer in Regensburg und die Cottbuser Niederlage in Unterhaching hatten diese beiden Verfolger 51 Punkte. Wir standen vor dem Spieltag bei 52. Ein Sieg, und dieser Sonntag wäre in die Geschichte eingegangen. Hätte jemand die perfekte Bühne für eine Inszenierung des Aufstiegs der Alemannia gesucht, er hätte sich sicherlich für den Tivoli an diesem Sonntagnachmittag entschieden. 21.500 Menschen kamen bei herrlichem Wetter ins Stadion. Wir wussten nicht, welch riesige Chance sich uns an diesem Tag bieten würde, weil wir mit dem Versagen der Kontrahenten ja nicht rechneten. Umso bitterer, was folgte. Wir liefen das gesamte Spiel einem Tor hinterher, das wir uns durch einen Konter eingefangen hatten. Man merkte uns in diesem Spiel an, dass unsere Batterien ziemlich leer waren. Wir waren ziemlich alle. Dieselben 13, 14 Leute hatten bis dahin alle Spiele bestritten. Dazu kam die hohe Belastung durch den Pokal und die schon erwähnten Ereignisse abseits des Feldes – Doping-Affäre, Geisterspiel. Die Atmosphäre war grauenhaft. Es gibt ein Foto, auf dem sind Stefan Blank und ich zu sehen. Wir verlassen den Platz und unsere Gesichter sind unendlich leer. Da kannst du die ganze Enttäuschung ablesen, die sich damals im Stadion breit machte – an einem Tag, der perfekt für ganz andere Gefühlsausbrüche geeignet gewesen wäre. Wir hatten etwas Großes verpasst. Das letzte Heimspiel einer Spielzeit möchtest du normalerweise mit deinen Fans feiern, in diesem Falle am liebsten mit Sieg und Aufstieg. Wir hatten nicht mal verloren, aber es fühlte sich verdammt danach an. Alemannia Aachen stand nach diesem vorletzten Spieltag mit zwei Punkten Vorsprung auf dem dritten Tabellenplatz. Das war viel mehr, als wir drei Wochen zuvor überhaupt zu hoffen wagten. Aber wir hatten eine Chance verpasst, die man höchstwahrscheinlich nur einmal bekommt. Wir wussten um unser schlechtes Torverhältnis, weswegen wir einen Extrapunkt brauchten. Und uns war bewusst, dass wir mit leeren Akkus auf um die Existenz kämpfende Karlsruher treffen würden.

Der Wille zu existieren war größer, als der Wille aufzusteigen. So habe ich es eine Woche später in Karlsruhe empfunden – obwohl wieder eine schwarz-gelbe Wand aufmarschiert war. Fast all unsere Frauen waren da, Kinder, Freunde, um das zu feiern, was wir alle hofften. Das wäre mit einem Sieg in Karlsruhe möglich gewesen. Wir hatten zwei Spiele, um ein Mal zu gewinnen. Mein Gefühl war schon vorher, dass es sehr schwer würde, dort zu bestehen. Das hat man auch bei vielen anderen Spielern gemerkt. Wir brachten nicht mehr die Energie auf, uns noch ein einziges Mal zu voller Größe aufzubauen. Daniel Gomez hatte eine gute Chance zur Führung, die vielleicht Kräfte freigesetzt hätte, denn so war unsere Mannschaft. So verloren wir das Spiel. Es gab reichlich Tränen. Von einem Moment auf den anderen war die Arbeit eines Jahres wertlos, die Schinderei war umsonst. So fühlte es sich an. Ich ging zu den Fans und gab bis auf die

Radlerhose alles weg. Trikot, Stutzen, Hose, Scheinbeinschoner – für mich war die Saison vorbei. Später fiel der 1,89-Mann Erik Meijer seiner 1,64-Frau auf die Schulter und heulte sich wie ein kleiner Junge dort aus. Einfach, weil es eine vergebene Chance war. Es hätte ein Superjahr sein können und endete desaströs. Ich brauchte einige Zeit, ehe ich zu der realistischen Einschätzung kam, dass uns am Ende einfach die Power fehlte. Sicherlich wäre es einfacher gewesen, als Aufsteiger in die Erste Bundesliga zum Pokalfinale nach Berlin zu fahren.

Aber es kam nun mal anders ...

Pure Enttäuschung in Karlsruhe

Das entscheidende Problem vor dem Pokalendspiel war schnell gelöst. Einstimmig entschieden wir uns, die Mallorca-Reise um eine Woche zu verschieben. Als Vorbereitung auf ein Finale gegen den Deutschen Meister Werder Bremen hätten die drei Tage wenig getaugt, das leuchtete uns ein. Stattdessen bezogen wir ein kurzes Trainingslager in Rees am Niederrhein. Als wir dort ankamen, richtete ich meine Gedanken erstmals in Richtung Berlin. Vorher hatte die Enttäuschung über den nicht geschafften Aufstieg noch dominiert, auch wenn die Verarbeitung schon im Bus auf der Rückfahrt von Karlsruhe eingesetzt hatte. Wir hielten im Trainingslager eine Pressekonferenz ab, Jörg Berger, Kalla Pflipsen und ich. Kalla hatte den Pokal mit Gladbach schon einmal gewonnen und wurde natürlich häufig dazu befragt.

Langsam setzte das Gefühl ein, dass am Ende dieser Saison noch etwas Großes bevorstand. In diesen Tagen kamen die Stärken von Jörg Berger zum Tragen. Er war keiner, der dir stundenlang auf dem Platz erklärt hat, wie du zu laufen hast. Aber er konnte Spieler motivieren. Er hat oft völlig unerwartet einen Spruch rausgehauen, der die komplette Mannschaft zum Lachen gebracht hat. Das war seine Kraft und das tat uns in diesem Trainingslager sehr gut. Er fand die richtigen Worte. Jeder will zum Pokalfinale, ganz Deutschland wird auf dieses Spiel schauen. Und wer ist außer dem Deutschen Meister Werder Bremen dabei? Wir, Alemannia Aachen. Dieses Gefühl, dieses Selbstvertrauen pflanzte er uns ein.

Wir flogen von Maastricht nach Berlin. Peu à peu wurde uns klar, was für ein Event vor uns lag, denn die Weltstadt Berlin stand ganz im Zeichen dieses Spiels. Am Abend trainierten wir im Olympiastadion. Als wir ankamen, lief die Einheit der Bremer noch, wir sahen ihnen zu und beschäftigten uns in diesem Moment zum ersten Mal mit dem Gegner. Sie waren stark. Johan Micoud war da, der Chef, eine Art Spieler, wie es sie nur noch ganz selten gibt. Micoud war eine echte Nummer 10 und er strahlte einen Hauch von französischer Arroganz aus. In der Abwehr spielten Valérien Ismael und Mladen Krstajic, ich hatte es in meinem Leben schon mit schwächeren Innenverteidigern zu tun. Dazu kamen Leute wie Tim Borowski, Ivan Klasnic und Ailton. Wir waren wieder der Underdog, aber das hat ja noch nie geschadet.

Der Umbau des Olympiastadions war fast fertig, nur in einer Kurve standen noch zwei Kräne. Der Weg zu den Kabinen war provisorisch und die Umkleiden selbst auch noch nicht endgültig fertig, aber das Stadion machte trotzdem Eindruck auf uns, obwohl es komplett leer war. Es ist nun mal kein reines Fußballstadion, weshalb die Zuschauer sehr weit weg vom Feld sitzen.

Am Abend machte ich nach dem Essen einen Spaziergang mit Eric van der Luer, Dennis Brinkmann und Stefan Blank. Wir ließen die Saison noch einmal Revue passieren, das war noch nicht aus unseren Köpfen raus. Natürlich sprachen wir auch über das Spiel gegen Werder. Besonders Stefan war wie aufgedreht. Seiner Meinung nach hatte Thomas Schaaf ihm zu Bremer Zeiten nicht die Chance gegeben, die er selbst glaubte verdient zu haben.

Er war also speziell motiviert. „Wenn ich denen einen reinhauen könnte …", sagte er. Ich selbst nahm mir vor, alles zu geben, aber das Spiel auch zu genießen. Am Abend davor hatte ich allerdings noch keine Idee, wie mir diese Kombination gelingen sollte. Als wir am nächsten Tag zum Stadion fuhren, da wusste ich es. Wir fuhren an hunderten Bussen mit Aachener, Heinsberger oder Dürener Kennzeichen vorbei. Weiß Gott, wo all diese Busse herkamen.
Es war der Wahnsinn. Überall habe ich Schwarz-Gelb gesehen. In dem Moment war klar, dass es ein Genuss werden würde, und ich merkte die Nervosität in mir hochsteigen. Im Stadion angekommen, ging ich sofort raus auf den Platz. Wow, was für ein Ausblick. Das Olympiastadion war schon zu 80 Prozent gefüllt. Schwarz-Gelb auf der einen, Orange-Grün auf der anderen Seite. Tags zuvor war die Arena nur eine leere Schüssel gewesen, jetzt war sie für mich der schönste Platz auf der Welt. Ich war überwältigt und nahm dieses Gefühl viel deutlicher wahr als beispielsweise bei unserem Champions League-Spiel im Bernabeu mit Bayer Leverkusen. Ich hatte eine andere Rolle, war wichtig für diese Mannschaft. Und ich wollte noch eine Kiste machen.

Die Besprechung war kurz und knapp. Niemand musste uns erklären, dass Ailton schnell ist und Micoud ein guter Fußballer. Motivieren musste Berger uns auch nicht mehr, unsere bloße Anwesenheit dort war Stimulanz genug.

Bremen war gleich besser im Spiel, wir hatten einige brenzlige Szenen zu überstehen. So war es nicht überraschend, dass wir durch Tim Borowski in Rückstand gerieten. Wir schafften es nicht, Druck auf Werder auszuüben. Bachirou Salou und ich hatten es nicht leicht gegen Valérien Ismael und Mladen Krstajic – es gibt ja auch schlechtere Innenverteidiger. Kurz vor der Halbzeit bekamen wir von Ivan Klasnic das 0:2 um die Ohren. „Das gibt einen Knick“, dachte ich. Überraschenderweise herrschte in der Kabine die entgegengesetzte Stimmung. Die Jungs sagten sich: „Lasst uns Spaß haben und sehen, was rauskommt.“

»Ein paar Minuten sind in der zweiten Hälfte gespielt. Freistoß von rechts, Ivo Grlic steht am Ball. Blanki und ich laufen wie immer hintereinander rein. Ich verfehle, aber Stefan erwischt die Flanke voll und köpft den Ball rein. Ich denke: „Achtung, Bremen, hier geht wirklich noch was.“«

Wenn eine Mannschaft ein Gegentor kassiert, passiert immer etwas, egal wie groß vorher die Überlegenheit war. So war es auch in diesem Pokalfinale, es wurde plötzlich zu einem sehr offenen Spiel auf Messers Schneide. Der Schiedsrichter brach uns dann aber endgültig das Genick. George Mbwando setzte an der Außenlinie eine harte Grätsche an, Tim Borowski konnte noch ein wenig abspringen. Herbert Fandel bestrafte das Foul in meinen Augen sehr hart mit der roten Karte. Dem David wurde ein Bein abgehackt, Goliath musste nur noch einmal zuschlagen. Als Borowski das 3:1 machte, war das Ding endgültig gelaufen. Aber ich machte trotzdem noch meine Hütte.

»Langer Ball in den Strafraum, irgendwie kontrolliere ich ihn, habe aber Mühe, das Gleichgewicht zu halten. Im Fallen bringe ich das Ding Richtung Tor. Der Ball schlägt genau im Winkel ein.«

Es nutzte nichts mehr. Fandel pfiff ab. Wir verloren innerhalb einer Woche das zweite Endspiel. Meine Gefühlswelt war allerdings eine komplett andere als noch in Karlsruhe. Gleich nach dem Schlusspfiff machte sich Stolz in mir breit. Stolz auf das, was wir geleistet hatten, um bis hierher zu kommen. Und stolz auf die vergangenen 90 Minuten. Es war keine Schande, gegen den Deutschen Meister verloren zu haben.

Wir tanzten und feierten mit unseren Fans, schmissen unsere Trikots, Hosen und Stutzen in die Kurve. Es war eine herrliche halbe Stunde. Sollte irgendwo eine Spur Enttäuschung gewesen sein, als wir in die Kabine gingen, war sie sicher weg.

Am Abend stand der Besuch im Aktuellen Sportstudio auf dem Programm. Das ZDF hatte im imposanten Sony Center ein Studio aufgebaut. Vor der Sendung saßen wir mit den Bremern in einem Raum, tranken gemütlich ein Bierchen und sprachen noch einmal über das Spiel. Es herrschte eine sehr entspannte Stimmung, die Bremer gratulierten uns zum guten Spiel und waren wohl auch ein wenig froh darüber, die Sache so über die Bühne gebracht zu haben. Die Sendung war sehr beeindruckend – ein weiteres schönes Erlebnis an diesem Tag. Auf dem Weg von der Bühne schrieb ich hier und da noch ein paar Autogramme.

Plötzlich schaute ich mich um und sah keinen einzigen meiner Mitspieler mehr. Auch der Bus war nicht mehr an der alten Stelle. Kurzum: Man hatte mich vergessen. Also machte ich mich zu Fuß in die Richtung auf, in der ich unser Hotel vermutete. An einem Straßencafé rief plötzlich jemand: „Hey, Erik!" Da saßen einige Bekannte von mir aus Meerssen, die ich auch schon im Stadion auf der Tribüne gesehen hatte. Sie hatten den ganzen Abend gefeiert und, um ganz ehrlich zu sein, sah man ihnen das auch an.

Obwohl einige fast schon auf dem Tisch einschliefen, nahmen wir ein weiteres Bier zusammen. Als wir uns darüber unterhielten, welch großer Zufall es war, sich in einer Millionenstadt wie Berlin zufällig zu treffen, rief Sandra an. „Wo bist du? Alle sind hier, nur mein Mann treibt sich irgendwo rum", schimpfte sie. Ich erklärte ihr meine Lage und erhielt von ihr die Wegbeschreibung zum Hotel, das nur ein paar Ecken weit entfernt war.

Unser Bankett im Hotel war ein formeller, aber sehr geselliger Abend. Sandra und ich beendeten die Feier an der Hotelbar. Mein Maskottchen Christoph Hauser war da und einige andere Freunde. Sogar die Truppe aus Meerssen war noch auf den Beinen. Ziemlich früh am Morgen endete die Pokalnacht mit wenigen Stunden Schlaf, denn wir flogen am Sonntagmorgen wieder nach Maastricht zurück.

In Aachen fuhren wir auf einem offenen LKW durch die Stadt. Die meisten waren so fertig, dass sie sich nicht trauten, die Sonnenbrillen abzunehmen. Aber je näher wir in Richtung Innenstadt kamen, desto besser wurde die Stimmung. Während der Fahrt begann es zu regnen, erst wenig, dann immer mehr, bis es aus Eimern goss. Zum Glück brauchten wir unsere Club-Anzüge nicht mehr, die Saison war ja zu Ende.

Beim Betreten der Rathaustreppe bekam ich sofort eine Gänsehaut. Der gesamte Markt war voller Menschen, die uns im strömenden Regen feierten. „Schade“, dachte ich, „wären wir aufgestiegen, hätten wir dieses überwältigende Erlebnis zweimal erlebt.“ Ich nahm mir vor, alles dafür zu tun, dass sich dieser Moment wiederholt. Wir feierten und sangen. George Mbwando, der die geeignete Person für so etwas ist, stimmte die Lieder an. Unsere Freunde von König Pilsener versorgten uns mit großen Gläsern, und das Bier bekam keine Chance, warm zu werden. Nach Stunden des Feierns waren wir alle platt und ließen den Abend bei einem Essen ausklingen.

Viel Zeit zur Erholung blieb nicht. Am nächsten Morgen nahmen wir den ersten Flieger nach Mallorca. Wir schafften es dort tatsächlich, unser Pensum noch zu steigern und ließen es drei Tage lang richtig krachen. Details erspare ich euch an dieser Stelle. Nur so viel: Als ich nach Hause kam, fragte mich Sandra entsetzt: „Wie siehst du denn aus? Was hast du gemacht?“ Wie mir erging es vielen Spielern, die Batterie war endgültig leer. Wenn man wie ich überall dabei sein und nichts verpassen will, muss man auch mal ein bisschen leiden.

Auf Mallorca erfuhren wir, dass Jörg Berger in der kommenden Saison nicht mehr unser Trainer sein würde. Es überraschte uns ein wenig, denn richtige Anzeichen für diese Entscheidung waren im Vorfeld eigentlich nicht erkennbar gewesen. Dieter Hecking übernahm die Alemannia ab der kommenden Saison. Wir kannten ihn gut, schließlich hatten wir seinen Lübeckern die Bude voll gehauen. Am Ballermann gab uns Reiner Plaßhenrich, der gerade mit Lübeck abgestiegen war, die ersten Infos über unseren neuen Coach. Wir wussten damals noch nicht, dass Reiner in der nächsten Saison bei uns spielen würde. Wir wussten aber definitiv, dass in seinen schmalen Körper eine Menge Flüssigkeit passt.

Ich saß im Sommer in meinem Garten und ließ das Jahr Revue passieren. Was habe ich in zwölf Monaten alles erlebt? Überraschungssiege, Enttäuschungen, Doping-Affäre, Geisterspiel, ausverkaufte Hütte, Bayern München geschlagen, Pokalendspiel, neue Freunde gefunden. Der Schritt vom HSV, von dem ich gedacht hatte, er sei ein Schritt zurück, war in Wirklichkeit ein Schritt nach vorne. Ich war zum richtigen Verein gewechselt. Danke, danke Jörg Schmadtke.

Gute Laune nach dem Pokalfinale

DAS ZWEITE JAHR

Ich verbrachte den Sommer in Liverpool und auf Sizilien. Zuerst besuchte ich meinen alten Freund Ray Watt. Ray steht in Liverpool auf dem Markt, verkauft Damenklamotten und ist Everton-Fan. Zudem ist er ein sehr guter Golfspieler. Nach Liverpool kehre ich immer wieder gerne zurück, weil es etwas Spezielles hat. In dieser grauen Hafenstadt an der Mercy kann man sehr schön sehen, dass auch Menschen, die nicht viel haben, zufrieden mit dem Leben sein können. Jeder verdiente Penny wird schnell wieder ausgegeben – entweder im Pub oder beim Fußball.

Man kann in Liverpool eine gigantische Nacht haben, wenn mal will. In der Matthew Street wird getrunken, egal, ob du Mann oder Frau, jung oder alt bist. Auch was die Mode angeht, sind die Engländer ein eigenartiges Volk. Egal ob -5 oder 25 Grad: Die Frauen tragen das ganze Jahr Sommerklamotten. Tiefer Ausschnitt, sodass man auf den ersten Blick das Kaliber der Dame erkennen kann, und High Heels. All diese Frauen, egal, ob sie Größe 36 oder 42 brauchen, wollen in dasselbe Kleid hinein. Bei der einen sieht das überragend aus, bei der anderen denkt man: „Muss das jetzt sein?" Zum Schmunzeln ist das immer gut. Die Jungs? Schwarze Hose, Hemd, perfekt gebügelt, natürlich über der Hose, schwarze Schuhe. Gerald Houllier hatte mich dorthin geholt, die Europacup-Spiele mit Leverkusen hatten ihn auf mich aufmerksam gemacht.

Bayer bot mir einen neuen Vierjahresvertrag an, aber einige Gründe sprachen für Liverpool. Es war ein Verein, für den ich immer schon spielen wollte. Außerdem sagten viele Leute, die englische Spielweise würde sehr gut zu mir passen. Und drittens wurde mir der Wechsel mit einer Vergütung schmackhaft gemacht, die sehr großzügig war. Die Leute in Leverkusen konnten meine Entscheidung gut verstehen, bis auf Christoph Daum. Der ließ mich nicht mehr spielen, was ich ihm nie verzeihen werde. Er ist der beste Trainer meiner Karriere, aber er hat mir ein halbes Jahr gestohlen. Über Liverpool liegt ein bestimmtes Flair. Anfield Road, jeder Fußballfan auf der Welt kennt diesen Namen.
Es ist der Geburtsort von „You'll never walk alone", dem Inbegriff aller Fangesänge. Ich kam in einen Kader mit Michael Owen, Robbie Fowler, Emile Heskey, Sander Westerveld, Markus Babbel, Sammy Hyppiä, Vladimir Smicer, Christian Ziege, Stephane Henchoz und

Jamie Carragher. Bei Länderspielen stand ich fast allein auf dem Trainingsplatz, weil alle unterwegs waren. Als Fußballspieler bekommst du dort eine Anerkennung, die ich in dieser Form noch nie erlebt habe. Man erwartet dort, dass die Profis ein dickes Auto fahren, statt es ihnen zu neiden. Einmal fuhr ich mit dem Fahrrad zum Training, da wollte mich der Wärter an der Tür zuerst nicht reinlassen. Das Trainingsgelände ist hermetisch abgeriegelt, ein großes, schwarzes Tor markiert den Eingang. Keine Fans, keine Journalisten.

Nur der innere Kreis, Liverpool ist schließlich etwas Besonderes. Ich durfte dort spielen, ich sehe es als eine Art Belohnung an. Die anderthalb Jahre dort möchte ich für kein Geld der Welt missen. Ich bin wohl einer der wenigen Spieler in der Geschichte der Reds, die von sich behaupten können, nie ein Spiel verloren zu haben, wenn sie in der Startelf standen. Darunter waren Partien in Manchester, in Leeds und bei Arsenal. Das 1:1 in Manchester am Samstagmittag um 12 Uhr werde ich nie vergessen, weil zwei große Mannschaften aufeinander trafen. David Beckham, Roy Keane. Für Manchester traf Ole-Gunnar Solskjaer, unser Tor machte Patrick Berger.

Für solche Spiele leben die Leute in Liverpool. Sie haben nichts und das wollen sie mit dir teilen. Es gibt Gegenden, da kannst du mit deinem Hund nicht Gassi gehen, weil er dir unterwegs geklaut wird. Dennoch strahlen die Menschen eine herzliche Wärme aus. Unser Umzugswagen stand noch vor der Tür, als die ersten Namen kamen und uns zu sich einluden. Nach meinem Wechsel zum HSV besuchte ich kurze Zeit später das UEFA-Cup-Finale zwischen Liverpool und Alaves in Dortmund.

Ich hatte einen Bänderriss und ging mit drei Freunden schon nachmittags in die Dortmunder Innenstadt. Meine Kumpels trugen Reds-Trikots mit meinem Namen und wurden prompt angesprochen. „Wie kommt ihr denn an Meijer-Trikots?“, wollten sie wissen. „Er ist unser Freund“, sagten meine Jungs und zeigten auf mich. Erst zwei, dann 20, dann 200 Liverpool-Fans entdeckten mich. Plötzlich brüllte der ganze Platz: „Erik, Erik sing us a song, sing us a song.“ Von einem kleinen Sockel aus stimmte ich ein Schmählied auf den Lokalrivalen Everton an. Nach zwei Takten sang der ganze Platz mit. So viel Freibier habe ich in meinem ganzen Leben noch nicht bekommen.

Ich behaupte, als Ex-Spieler wird man in ganz wenigen Vereinen auf der Welt so herzlich behandelt. Als Krönung erlebten wir einen 5:4-Erfolg für Liverpool, ein Jahrhundertspiel. Noch heute fühle ich mich mit dem Verein verbunden, freue mich über Erfolge wie zuletzt den Gewinn des FA-Cups, von dem ich im Hotel vor meinem letzten Profispiel in Burghausen erfuhr.

Von Liverpool ging es gleich weiter nach Sizilien. Gutes Hotel am Meer, leckeres Essen. Eines Morgens saß ich mit Sandra im Café, und wen sehe ich vor einem Schaufenster stehen? Unseren Präsidenten Horst Heinrichs mit seiner Frau. Die beiden haben sich richtig erschrocken. Wir sprachen über die kommende Saison und auch der Präsident wusste noch nicht genau, wie der Kader aussehen würde. Es war klar, dass viele Leistungsträger den Verein verlassen würden und entsprechend viele neue Gesichter kommen würden. Ich schätze Horst Heinrichs als einen Präsidenten, der für seinen Verein lebt und positiv verrückt ist. Auf solche Leute kannst du immer bauen. Wir können froh sein, dass wir jemanden als Präsidenten haben, der immer alles für Alemannia Aachen tun wird und sich nicht im Glanze des Klubs sonnen will.

Zurück aus dem Urlaub habe ich erstmal den Rasen gemäht. Ich mache das immer selbst und stelle mir vor, es sei ein Fußballplatz. Da muss alles perfekt sein. Ich saß also auf meinem frisch gemähten Rasen und machte mir zum ersten Mal richtig über das kommende Jahr Gedanken. Kalla Pflipsen, Ivo Grlic, Quido Lanzaat, Emu Krontiris und acht weitere Spieler hatten den Verein verlassen. Ich rief Jörg Schmadtke an. „Jörg, was ist eigentlich los? Die Hälfte unserer Mannschaft ist weg. Was wird in dieser Saison?“, fragte ich ihn. „Erik, bleib ganz ruhig. Mach dir keinen Kopf“, sagte er in seiner coolen Art, zählte mir die Zugänge auf und erklärte mir seine ungefähren Vorstellungen. Ein Dutzend neue Spieler und ein neues Trainergespann – das war trotzdem eine Menge Arbeit.

Zu meiner Freude fanden beide Trainingslager in den Niederlanden statt, in Hoenderloo und in Den Helder. In Hoenderloo fanden wir perfekte Bedingungen, um eine neue Mannschaft zu schmieden. Wir wohnten dort in einem separaten Haus mit eigenem Kraftraum, nur 50 Meter vom Trainingsplatz weg. So konnten wir zum einen richtig gut trainieren und eine perfekte Basis legen und uns andererseits aneinander gewöhnen. Gleich in den ersten Einheiten mit Dieter Hecking und Dirk Bremser wurden die Lachmuskeln strapaziert, weil wir viele Übungen machten, die mit Gelenkigkeit zu tun haben. Im Laufe der Zeit bauten wir das in unser Aufwärmprogramm ein, aber am Anfang hätte kein Beobachter je geglaubt, dass es sich bei diesem Haufen ungelenker Typen um Leistungssportler handelt. Schrittchen rechts, Schrittchen links, Drehung – weil einige die motorischen Fähigkeiten eines Trabbis hatten, waren unsere Bemühungen perfektes Material für ein Pannenvideo. Es hat nun mal nicht jeder den Rhythmus eines Moses Sichone.

Am zweiten Tag kündigte der Trainer uns einen schottischen Stürmer an, der im Training getestet werden sollte. Gut, dachte ich und erwartete einen rothaarigen, weißhäutigen Mann. Am Abend betrat ein riesiger, schwarzer Koloss mit Rastalocken und Tätowierungen den Speisesaal. Chris Iwelumo has entered the building! Mein lieber Schwager, hatte der einen Auftritt. Er hat kurz Hallo gesagt und sich dann etwas vom Büffet geholt. Ich habe noch nie gesehen, dass man so viel Essen auf einen Teller packen kann. 30 Augenpaare beobachteten ihn dabei, wie er seine Mahlzeit verputzte.

Durch sein enges Shirt war deutlich zu erkennen, dass dieser Typ eigentlich nur aus Muskeln bestand. Natürlich ging sofort die Flachserei los. „Willi, den kannst du dir mal vorknöpfen, gegen den bist du ein Waisenknabe", sagten die Jungs zu Willi, dem Mann mit dem nach eigener Aussage geilsten Oberkörper der Liga. Dieser Titel war nun ernsthaft in Gefahr. Ich kümmerte mich um Chris, verabredete mich am Abend mit ihm an der Bar. Er war zu schüchtern, sich einen Drink zu bestellen. So trank ich ein Glas Wein und er Mineralwasser, während ich ihm erklärte, wie die Sachen bei der Alemannia funktionieren und dass er sich keine Sorgen machen musste.

Das zweite Trainingslager in Den Helder war für mich etwas Besonderes. Wir spielten dort gegen das Nachwuchsteam von Ajax Amsterdam, das von Marco van Basten trainiert wurde. Er war mein absolutes Idol. Ich habe es immer bedauert, dass dieser begnadete Spieler schon so früh mit dem Fußball aufhören musste. Ich war junger Stürmer in Maastricht, als ich einen Anruf bekam: „Erik, du musst sofort zur Nationalmannschaft in die Türkei. Marco van Basten hat sich verletzt, du bist nachnominiert." Ich flog also nach Istanbul und kam erst sehr spät im Hotel an, wo alles vom Feinsten war. Ohne irgendjemanden gesehen zu haben, ging ich auf mein Zimmer und schlief ein. Am nächsten Morgen ging ich zum Frühstück. Das Team saß an zwei großen Tischen. Ich bekam einen Platz zwischen Ruud Gullit und van Basten. Am Tisch saßen außerdem Jan Wouters, Frank Rijkaard, Hans van Breukelen und Ronald Koeman – und ich. Ich gab allen die Hand und setzte mich. Schüchtern fragte ich Gullit: „Ruud, kannst du mir mal die Butter geben?" Zum Glück merkte ich, dass hier alles normal zuging.

Weil ich zum Spiel ja nicht mit meiner Tasche von MVV fahren konnte, bat mich Marco van Basten auf sein Zimmer und gab mir seine Sachen, weil er ja nicht spielen konnte. Ein Moment, den ich nie vergessen werde. Ich kam zwar nicht zum Einsatz, aber ein Länderspiel sollte ich doch noch bestreiten. Dick Advokaat berief mich für eine Begegnung gegen San Marino in Utrecht. Einige Stürmer waren verletzt, sodass ich mit René Eijkelkamp das Sturmduo bildete. Wir gewannen 6:0. Ich erzielte zwar kein Tor, für mich war aber das Wichtigste, überhaupt dort zu stehen, in diesem orangenen Trikot, als die Nationalhymne gespielt wurde. Im Jahr zuvor hatte ich schon in der U21 gespielt, gegen Australien ging es um die Qualifikation für die Olympischen Spiele 1992 in Barcelona. Ein schwarzer Fleck in meiner Karriere. In Sydney holten wir ein 1:1. Ned Zelic machte im Rückspiel die Führung für Australien, Ronald de Boer brachte uns mit seinem Tor in die Verlängerung. Da erzielte Artur Numan die Führung, wir waren nur noch ein paar Sekunden von Olympia entfernt. In der allerletzten Minute der Verlängerung ging Ned Zelic auf rechts durch und knallte den Ball ins kurze Eck. Australien fuhr zur Olympiade, die Niederlande mit Ronald und Frank de Boer, Marc Overmars, Phillip Cocu, Edwin van der Sar, Rob Maas, Brian Roy und Pierre van Hooydonk mussten zu Hause bleiben.

Das eine Länderspiel machte viel wieder gut, aber nicht alles. Schade ist nur, dass ich die Zahl nie verdoppeln konnte. Aber den Stolz kann mir keiner mehr nehmen. Bert van Marwijk und Marc van Bommel sind außer mir die einzigen Leute aus Meerssen, die es in die Elftal geschafft haben.

Ich traf Marco van Basten also in Den Helder wieder. In den Zeitungen ging schon seit einigen Wochen herum, dass van Basten im August neuer Bundestrainer wird. Vorher musste er aber noch mit Jong Ajax gegen die Alemannia spielen. Wir gewannen 3:0 und nach dem Spiel plauderten Marco und ich noch lange über den niederländischen Fußball, seine neue Aufgabe und natürlich auch über die Alemannia. Als Niederländer gefiel ihm natürlich unser offensives System. Schöne Minuten waren das mit meinem Idol.

Jeweils 1:1 gegen Frankfurt und in Ahlen – mit mittelmäßigen Resultaten, aber mit viel versprechenden Leistungen ging die Liga für uns los. Ohne Probleme erreichten wir die zweite Pokalrunde. In Essen machte Jens Scharping die Führung, ehe der Höhepunkt des Nachmittags folgte.

»**Langer Ball von Reiner Plaßhenrich, ich bewege mich aus dem Sturmzentrum heraus und bin kurz vor der Torauslinie. Niemand kommt nach, also schieße ich trotz des spitzen Winkels selbst. Ich treffe ihn optimal, der Ball klatscht an die Unterkante der Latte und von dort ins Tor. Wow, was für ein Tor.**«

Die Maschine begann zu laufen. Wir schickten den Karlsruher SC mit 4:0 nach Hause und gewannen in Unterhaching mit 2:0. Das waren sehr überzeugende Siege, bei denen der Gegner nichts zu sagen hatte.

WILDE REISE DURCH EUROPA

Es kam der Moment, in dem wir die Sahne von der Torte des Pokalendspiels abschöpfen durften: der UEFA-Cup. Auch wenn ich schon einige große Spiele in der Champions League erlebt habe, so war diese Reise doch eine neue Erfahrung für mich. Als Zweitligist europäisch dabei zu sein ist außergewöhnlich. Die Jungs um mich herum hatten auf internationaler Ebene vielleicht mal ein Trainingslager in der Türkei erlebt, aber jetzt ging es um die Wurst.
Es brauchte seine Zeit, ehe wir den Namen unseres Gegners unfallfrei aussprechen konnten: FH Hafnarfjördur. Wir machten uns also auf die Reise nach Island, wo niemand von uns vorher je gewesen war. Weil meine Frau alles Neue faszinierend findet, meldete sie sich mit ihrer Mutter für die parallel stattfindende Tour der Sponsoren an. Die Tatsache, dass wir alle im selben Flieger saßen, bereitete mir ein etwas komisches Gefühl. Ich fahre zum internationalen Spiel und meine Frau und meine Schwiegermutter sind dabei! Zu allem Überfluss hatten sich keine anderen Frauen gefunden, sodass ich der Einzige war, dessen Partnerin dabei war.

Unser erster Eindruck von Island war, dass es dort nicht besonders viel Grün gibt. Die Insel besteht zu einem Großteil aus Felsen. „Vögel haben hier ein hartes Leben, so ganz ohne Bäume", bemerkte unser Ersatzkeeper Kristian Nicht. Unser Hotel sah dafür recht trendy aus. Seit der Mallorca-Tour im Sommer war Willi Landgraf mein ständiger Zimmerkollege. Er war der Einzige im Team, der etwa mein Alter hatte, und wir verstanden uns prima.

Ich betrat als Erster unser Zimmer. „Willi, wir haben ein Einzelzimmer", sagte ich, denn wir standen im wahrscheinlich kleinsten Hotelzimmer Europas. Die Taschen zu verstauen, war eine schwere Aufgabe, im Badezimmer stellte sich die Situation noch dramatischer dar. Mit ausgestreckten Armen konnte ich sowohl den Spiegel über dem Waschbecken als auch den Duschkopf berühren. Abgesehen von den Zimmern, war es ziemlich aufregend. Die UEFA machte genaue Vorgaben, wie alles abzulaufen hatte. Begrüßung, aneinander vorbeilaufen, wer gibt wem wann die Hand und solche Dinge, die uns aus der Liga fremd waren. Über unseren Gegner wussten wir eigentlich nichts, bis der Trainer uns ein Video vorführte. Wir schauten uns an und jeder dachte wohl: „Sind die so schlecht?" Sie machten auf unserem Video Fehler auf Fehler, sodass Dieter Hecking wohl schon bereute, dass er uns die Bilder überhaupt gezeigt hatte. Unter dem Druck, den wir von Anfang an ausübten, machte Hafnarfjördur dann wirklich einige Fehler. Früh stand es 2:0 für uns.

Willi erläuft auf der rechten Seite einen fast unmöglichen Ball und flankt nach innen. Ich stehe in der Mitte und grätsche die Flanke über die Linie. Ich drehe zum Jubeln ab, will mich bei Willi bedanken, aber der liegt in der Werbebande. „War es ein Tor, war es ein Tor?“, fragt er und flippt fast aus. Willi ist völlig euphorisiert und will beim Rückweg in unsere Hälfte sogar mit dem Schiedsrichter abklatschen.

In der Halbzeit war dann auch der Trainer beruhigt, der vor der Partie einen sehr angespannten Eindruck gemacht hatte. Am Schluss ging die Sache 5:1 aus und der Kuchen war gegessen. Es blieb nicht viel Zeit zum Feiern, denn wir mussten den Flieger zurück nach Deutschland erreichen. Trotzdem war uns allen klar, dass wir nach diesem Ergebnis die Gruppenphase erreichen und weitere europäische Spiele bestreiten würden. Grund genug, in der Flughafenlounge zumindest ein kleines Bier zu trinken.

Nächste Etappe: das Derby gegen den 1. FC Köln vor voller Hütte auf dem Tivoli. Es macht immer Spaß, den großen Bruder aus Köln ein bisschen zu ärgern. Aber an diesem Abend schnitt Stefan Blank uns leider in den Finger. Bei einer Standardsituation ließ er sich provozieren und sah sofort die rote Karte. Der immer freundliche Lukas Podolski hat das dann auf seine kindische Art mit einem „Nänänänänah“ begleitet. Da wäre Stefan beinahe noch mehr ausgerastet und hätte Poldi um ein Haar auch noch umgehauen, was wir zum Glück verhindern konnten. Also mussten wir den allergrößten Teil des Spiels zu zehnt auskommen. Wir hatten jedoch in dieser Phase einen überragenden Kai Michalke in unseren Reihen, der erst durch den Zeckenbiss von Jens Scharping ins Team gekommen war. Kai brachte uns mit einem Tor der Marke „Geht doch gar nicht“ in Führung. Nach der Pause spielte Köln die Überzahl richtig gut aus, wir mussten unheimliche Wege gehen. 1:1, 1:2, bis ein Freistoß von Kai wieder den Gleichstand brachte. Blöder als wir kann man dann eigentlich nicht verlieren. In Unterzahl lassen wir uns von Köln auskontern und verlieren das Spiel durch das Tor eines gewissen Marius Ebbers. Verloren, aber trotzdem klatschte das gesamte Stadion, weil

wir so bravourös gekämpft hatten. Das Spiel zeigte, dass die Mannschaft noch lernen musste. Wir verfügten über eine überragende Offensivkraft, es fehlte allerdings noch das Gespür dafür, auch mal Ruhe einkehren zu lassen und das Tempo rauszunehmen.
Kurz darauf verabschiedeten wir uns aus dem DFB-Pokal. Meisterschaft, UEFA-Cup, da könnte man meinen, wir seien froh über den Wegfall der zusätzlichen Belastung gewesen. Ich nicht! Zu frisch waren die Erinnerungen an das Finale in Berlin, insgeheim hatte ich auf eine Wiederholung gehofft. Die Niederlage bei den Bayern-Amateuren tat mir weh. Juan Pablo Guerrero wirbelte uns richtig durcheinander, wir fanden an dem Tag einfach kein Mittel.

Statt Rot-Weiß dominierten im Kölner RheinEnergie Stadion beim Rückspiel gegen Hafnarfjördur die Farben Schwarz und Gelb. Über 20.000 Aachener machten sich auf den Weg zum ersten UEFA-Cup-Spiel in der Geschichte von Alemannia Aachen – alle über dieselbe Autobahn. Wir wollten diesen Leuten unbedingt etwas bieten, aber der Ball wollte einfach nicht über die Linie. Trotz des 0:0 erreichten wir sicher die nächste Runde und feierten das auch. Zufällig gab es ja zu unserem Glück ab dieser Saison eine Zwischenrunde mit vier garantierten Begegnungen.

Anderthalb Jahre zuvor hatte mir Jörg Schmadtke noch vom großen Schuldenberg des Vereins erzählt, jetzt bestand die berechtigte Hoffnung, dass wir den Berg mit dem Erreichen der nächsten Runde zum größten Teil abgetragen hatten.

Viele Tore, ansehnlicher Fußball, gute Ergebnisse – unsere Maschine lief problemlos weiter. Der Trainer fand die richtige Mischung, auch mit den Einheiten in der Woche. Die Stammspieler durften ab und zu einen halben Tag freimachen, während der Rest trainierte. Am Tag vor dem Spiel hatten wir in dieser Saison meistens frei, dafür trainierten wir am Spieltag morgens um 10 Uhr ganz locker. Das habe ich in meiner ganzen Karriere noch nicht erlebt, Hecking war der erste Trainer, der das so praktizierte. In Leverkusen hatten wir vor Champions League-Spielen immer die Wahl, wie wir uns die langen Tage im Romantik-Hotel in Langenfeld vertrieben. Spaziergang, eine Tasse Kaffee mit Physiotherapeut Dieter Trzolek oder wir fuhren mit dem Mannschaftsbus zum Stadion und bewegten uns ein bisschen, während die Zeugwarte die Kabine vorbereiteten. Stefan „Paule" Beinlich und ich fuhren mit den Torhütern eigentlich immer ins Stadion und bewegten uns eine Dreiviertelstunde. Aber bei einem Spiel um 15 Uhr um 10 Uhr zu trainieren, das kannte ich absolut nicht.

Ihr habt nichts zu verlieren“, sagte der Trainer vor dem ersten Gruppenspiel gegen OSC Lille zu uns. Ganz nüchtern erklärte er uns die Spielweise der Franzosen, zum damaligen Zeitpunkt ein absolutes Spitzenteam in ihrer Liga. Die Videoanalyse fiel diesmal etwas anders aus als in Island. Die Qualität tropfte nur so aus dem Kader. Da gab es nur eins: Die deutschen Tugenden rausholen, jeder musste für den anderen laufen. Für mich stellte sich die Frage: Wie lange können wir mithalten? Wie reagiert das Team, wenn wir früh in Rückstand geraten? Lille unterschätzte uns nicht, die Mannschaft spielte nach ihren Möglichkeiten. Aber je länger die Partie dauerte, desto mehr streiften die Jungs ihre Nervosität ab.

»Die Ecke wird geklärt, der Ball kommt aber sofort wieder vors Tor und fällt zwischen Klitze und Simon runter. Simon lupft ihn über den Torwart aufs lange Eck. Da komm ich ran! Ich laufe ein und drücke den Ball zwischen dem Pfosten und dem Verteidiger über die Linie. Wir führen im UEFA-Cup 1:0 gegen Lille. Was für eine Energiewelle!«

Das Stadion bebte, ein wunderschöner Moment. Plötzlich standen alle Spieler vor einer Tribüne und jubelten. Mit ein wenig Glück brachten wir den Sieg über die Zeit. Was für ein Jubel. Im Kölner Stadion gab es ansonsten nicht viel zu jubeln, weil der FC richtig schlecht spielte. Aber wir hatten vor der deutschen Fernsehnation gezeigt, wie man mit Courage und Einsatz eine sehr gute französische Mannschaft besiegen kann. Seit dem Bayern-Spiel war die Sympathiewelle für die Alemannia in meiner Wahrnehmung ungebrochen und wurde immer stärker.

Wir waren eine Art Kult, etwas Spezielles. „Aachen? Da ist was los, da passiert was. Das ist nie langweilig", sagten die Leute. Es war überragend, Teil dieser Bewegung zu sein, die Mannschaft als Kapitän zu führen und wichtige Tore zu erzielen. Wir hatten uns vorgenommen, jedes Spiel für sich zu nehmen. Lille, Sevilla, St. Petersburg, Athen – das hörte sich auch für selbstbewusste Jungs wie uns nach harten Brocken an. Aber plötzlich hatten wir einen Sieg auf dem Konto, das war Fakt. Der französische Trainer sprach mit riesigem Respekt über uns und machte seine eigene Truppe richtig zur Schnecke.

Schon vor dem Lille-Spiel hatten wir in Trier ein überragendes Auswärtsspiel abgeliefert, das Beste in meiner Zeit bei Alemannia. Hinten: Mauer. Vorne: jeder Angriff tödlich. Dieses Niveau konservierten wir ein paar Etagen höher gegen die Franzosen, auch wenn die Gegenspieler eine sehr hohe Qualität hatten. Warum? Weil wir konzentriert waren. Nach dem Spiel sah ich auf unserer Website das Mannschaftsfoto, das kurz vor dem Anpfiff gemacht wurde. Schau in diese Gesichter! Wie diese Männer gucken, haben sie auch gespielt. Dieses Foto strahlt puren Siegeswillen aus.

Was liegt zwischen Oberhausen und Duisburg? In Wirklichkeit nicht viel, für uns ein kleiner Abstecher nach Sevilla. Vor dem Spiel gegen Oberhausen muss ich zu lange auf der Website unserer Volleyballerinnen gesurft haben, denn ich spielte den Ball viermal mit der Hand. Beim letzten Mal hatte der Schiedsrichter gar keine Wahl, als mich zum Duschen zu schicken. Schon als ich den Mann mit der Pfeife kommen sah, streifte ich die Spielführerbinde ab und verließ den Platz. Von der hirnrissigen Aktion profitierte lediglich unsere Mannschaftskasse – wieder ein paar Drinks für die Mallorca-Tour.

Mit Kai Michalke und unseren Frauen in Sevilla

Cristian Fiel machte die Pressekonferenz in Sevilla zur One-Man-Show. Unser schwäbischer Spanier ist ohnehin ein Entertainer, allerdings kommen wir normalerweise in der Kabine in den Genuss seiner Unterhaltungskünste. In seiner spanischen Heimat nutzte er jetzt die große Bühne, um den spanischen Journalisten sich selbst und den Verein Alemannia Aachen vorzustellen. Der obligatorische Videoabend war wieder eine Spur beeindruckender. Der Name Baptista fiel oft, dazu Navarro, ein Mörder in der Verteidigung. Insgesamt ganz hohe Fußballschule.

Der Verein bot wieder einen Trip für die Touristen an, da war Frau Meijer natürlich mit von der Partie. Diesmal fand sich allerdings eine Mitstreiterin, die Frau von Kai Michalke war auch am Start. Am Tag vor dem Spiel nutzten Kai und ich die Gelegenheit, unseren freien Nachmittag mit unseren Ladys zu verbringen. Sevilla ist wunderschön, viele historische Gebäude und Plätze.

Auf einem dieser Plätze steuerten wir auf die dort wartenden Kutschen zu, um eine kleine Rundfahrt zu buchen. Die Frage „cuánto cuesta?“ brachten wir auf Spanisch gerade noch zusammen, die Antwort des Kutschers war Spanisch und kam mir auch so vor. Er wollte 100 Euro, jedenfalls hatte ich das so verstanden.

Es gab zwei Möglichkeiten. Entweder sind Kutschfahrten in Sevilla besonders teuer oder wir hatten den Kutscher einfach nicht richtig verstanden. Die Lösung: Wir brauchten einen Dolmetscher: Fielo. Kurzer Anruf, und schon begann unser Spanier per Handy aus dem Mannschaftshotel die Verhandlungen mit dem Kutscher. Mit Erfolg, für 30 Euro fuhren wir eine Stunde lang durch die andalusische Hauptstadt. Kathedrale, Reales Alcazáres, Torre del Oro und die romantische Einkaufsstraße Calle de las sierpes – die Touristen Meijer und Michalke erlebten Sevilla von seiner besten Seite.

Am Abend trainierten wir im Stadion. Aus Barcelona und Madrid kannte ich die Art und Weise, wie die Spanier Kabinen bauen: Direkt unter der Schräge der Tribüne, ziemlich groß, aber ansonsten gibt man dort nicht viel Geld für die Umkleiden aus, schon gar nicht für die Gäste. Das Stadion war schon leer imposant, was für eine Schüssel.

Das Spiel war spät am Abend, wie das in Spanien oft der Fall ist. Zeit genug also für Willi, seinen Luxuskörper ein paar Stündchen schlafen zu legen. Er ist älter als ich und braucht das auch. Die Fahrt durch das abendliche Sevilla genoss ich sehr. Beim Einlaufen ins Stadion war dann endgültig klar: Alemannia Aachen ist in Europa angekommen. Über 40.000 Zuschauer begrüßten uns, den kleinen Zweitligisten aus Deutschland. Keine Frage, wir lieferten ein gutes Spiel ab. Aber es war klar zu erkennen, dass der FC Sevilla einen Schritt weiter war. Als wir Druck entfachten, schafften die Spanier das 2:0. Wir holten uns nach dem Spiel dennoch unsere Belohnung ab. Nach dem Dank an unsere eigenen Fans begleitete uns das Publikum mit Applaus in die Kabine. Wir hatten verloren, aber wir hatten nicht viel verloren.

Zurück im Hotel beschloss mein Zimmernachbar, Herr Wilfried Landgraf, es sei der richtige Moment, ein Glas Rotwein zu trinken. Wir bestellten uns also eine Flasche südafrikanischen Shiraz, einen sehr guten Tropfen aus dem Chateau Noitjedach. Ich kann mich an den Namen des Weins so gut erinnern, weil es ein holländischer ist. Das findet man ja oft in Südafrika, genauso wie gute Weine. Ich bin selbst schon dort gewesen, um mich zu überzeugen. Zurück zu dem Abend in Sevilla. Ich merkte schnell, dass Willi der Wein richtig gut bekam, zu gut. Seine ohnehin schon roten Bäckchen begannen, ultraviolettes Licht abzustrahlen. Außerdem fing er an, Quatsch zu erzählen. Klar, Willi erzählt immer Quatsch. Diesmal war es aber richtiger Quatsch. Irgendwann hatte der Wein den Kampf gewonnen, Willi legte sich schlafen. So endete die Nacht von Sevilla für mich neben dem schlafenden Herrn Landgraf mit einer Flasche guten Shiraz, die ich dann allein trinken musste.

Wir nahmen die Euphorie der internationalen Spiele stets mit in die Liga – und andersrum. Das war wie ein Schneeball. Und der wurde zu diesem Zeitpunkt immer größer. In der Zweiten Bundesliga fuhren wir normale Resultate ein, während sich im UEFA-Cup an unserem spielfreien Tag die Konstellation ergab, dass wir mit einem Sieg gegen Zenit St. Petersburg im RheinEnergie Stadion die Zwischenrunde erreichen konnten. Alemannia Aachen in der Zwischenrunde! Was einer europäischen Fußball-Sensation gleichkam, war für uns lediglich die nächste anstehende Aufgabe. Zenit galt als versierte Mannschaft, gut besetzt und gefährlich. Wir hatten gerade 1860 München mit 5:1 aus der Stadt gejagt, da kam uns die nächste Herausforderung gerade recht. Ich behaupte: Niemals zuvor und vielleicht auch danach hat eine Aachener Mannschaft so stark Fußball gespielt wie in den ersten 45 Minuten an diesem Abend in Köln. Das war sehr, sehr hohes Niveau. Wir erarbeiteten uns sehr viele Chancen, mit ein bisschen Glück hätten wir nach 30 Minuten 3:0 führen können – ohne zu übertreiben. Läuferisch war das perfekt, hinten spielten wir mit kalkuliertem Risiko und nach vorne waren wir brandgefährlich. Unser Führungstor gehört in ein Lehrbuch.

»**Sergio Pinto bekommt den Ball auf rechts und spielt ihn perfekt zwischen die beiden zentralen Verteidiger. Ich nehme den Ball in höchstem Tempo mit der Brust mit, er tippt einmal auf und ich jage ihn unter die Latte. Die Kugel springt zurück aus dem Netz: Danke schön, den klemm ich mir gleich unter den Arm.**«

Ich reckte den anderen Arm zum Jubel in die Höhe und lief in die Kurve, in die ich auch nach meinem Tor gegen Lille gelaufen bin. Keine Überraschung, dass mir auch die Jungs aus Meerssen zujubeten, die ich in Berlin beim Pokalfinale getroffen hatte. Bei uns herrschte pure Freude. Alle sind auf mich draufgesprungen. Sergio Pinto war als Erster da, der diesen genialen Pass gespielt hatte, und der Rest der Meute folgte bald. Zu diesem Zeitpunkt war Alemannia eine Runde weiter.

Ein Duell im Mittelfeld sorgte mal wieder für Schmerzen. Ich konnte den Ball so gerade noch weggrätschen, als ein tschechischer Spieler von Zenit absichtlich durchzieht und mir den Stollen in die Rippe rammt. Diese Verletzung sehe ich heute noch, es sieht ein bisschen so aus, als hätte ich eine dritte Brustwarze. Es tat höllisch weh. Ich erlebte während meiner Behandlung am Spielfeldrand, wie nah Freud und Leid im Fußball beieinander liegen. Auf der einen Seite schoss Moses Sichone den Ball an den Pfosten, nur eine Minute später ging er in unserem eigenen Strafraum ungestüm zur Sache und verschuldete einen Elfmeter – der Ausgleich. Eigentlich war alles unter Kontrolle, dennoch fingen wir dieses Gegentor. Da schlug sich unsere mangelnde Erfahrung nieder, einer gewachsenen Mannschaft passiert so etwas nicht.

Die Halbzeit verbrachte ich liegend, weil die Ärzte versuchten, meine Schmerzen zu lindern. Ich schluckte eine Tablette, wollte unbedingt weiterspielen, obschon mich die Verletzung in meiner körperbetonten Spielweise sehr behinderte. Kurz bevor Zenit das 2:1 schaffte, wurde ich ausgewechselt, es ging einfach nicht mehr. „Der Traum ist aus", dachte ich, als wir in Rückstand gerieten. Aber ich sollte die beste Aktion von Chris Iwelumo in seiner Aachener Zeit noch erleben.

Es kam ein langer Ball in den Strafraum, Chris wurde gezogen oder geschoben, ich konnte es gar nicht genau sehen. Aber Big Chris fiel zu Boden und der Schiedsrichter pfiff tatsächlich Elfmeter. Vielleicht auch, weil St. Petersburg auch einen bekommen hatte, man weiß nie, was im Kopf eines Schiedsrichters so vorgeht. Wir hatten jedenfalls plötzlich noch eine Chance! Blanki schnappte sich das Leder, die ganze Bank befand sich in einem Zustand totaler Anspannung.

ich konnte gar nicht hinschauen, obwohl ich total überzeugt war, dass Stefan den Ball verwandeln würde. Wie so oft in unserer gemeinsamen Zeit erzielte Stefan Blank in solchen Spielen ein Tor, in denen Erik Meijer auch traf. Der Zufall wollte das auch gegen Zenit so. Wie wichtig das war! Aus eigener Kraft konnten wir jetzt in Athen das Weiterkommen schaffen.

Das letzte Heimspiel vor der Winterpause gewannen wir mit viel Kampf gegen Wacker Burghausen. Dennis Brinkmann verhinderte mit seinem Einsatz ein sicheres Gegentor, was sicher mitentscheidend war. Nach dem Schlusspfiff nahm ich unserem Stadionsprecher Robert Moonen das Mikrofon ab, es war ein spontaner Gedanke. Wir Spieler hatten im zu Ende gehenden Jahr viel erlebt, aber auch die Fans, die überallhin mitgereist sind. Egal, ob es unser „Endspiel in Karlsruhe" war, das Pokalfinale, die Spiele auf Island und in Sevilla oder auch unsere „Heimspiele" in Köln, zu denen sich stets die Menschenmassen über die A4 bewegt hatten und für lange Staus gesorgt hatten, von denen wir dann im Mannschaftsbus über das Radio erfuhren.

Es war Zeit, Danke zu sagen: „Hallo, seid ihr noch da? Im Namen der Mannschaft möchte ich mich herzlich bedanken für das Jahr 2004 – das war ein geiles Jahr. Aber noch was: Wir müssen alle zusammen dafür sorgen, dass das nächste Jahr noch geiler wird." Ich glaube, es war der richtige Moment, den Fans zu zeigen, welch große Rolle sie spielten. Support heißt das in England, also unterstützen. Und darüber konnten wir uns in Aachen nicht beklagen. Solche Unterstützung kann aus einer normalen Mannschaft eine gute machen, oder wie in unserem Fall aus einer guten eine sehr gute.

Kurz vor Weihnachten blockierte Alemannia Aachen alles, was es an Flügen in die griechische Hauptstadt gab. Jeder konnte Frau, Kinder, Oma und Hund mitnehmen. Mitarbeiter, Sponsoren – alles machte sich auf nach Athen, um dabei zu sein, wie der kleine Zweitligist aus dem äußersten Westen Geschichte schrieb. Alle wohnten im selben Hotel, und das passte genau. Wir waren nur so weit gekommen, weil sich jeder auf den anderen verlassen konnte. Und so traten wir auch in Athen auf, als homogene Einheit. Die Familie Alemannia Aachen ging auf Reisen. Wie immer es auch ausgehen würde, die

Mannschaft hatte einen verlängerten Aufenthalt in Athen. Wir blieben nach dem Spiel noch anderthalb Tage dort und begannen unseren Weihnachtsurlaub.

Athen war ausgeschieden, wir konnten uns mit einem Sieg für die nächste Runde qualifizieren, was eigentlich absurd war – als Zweitligist so weit zu kommen. Am Vorabend des Spiels veranstalteten wir nach dem Training im Stadion einen kleinen Wettbewerb in Zweierteams, Flanke und Torabschluss. Welches Team zuerst zehn Treffer markierte, kassierte von den Mitstreitern fünf Euro.

Das Duo Hecking/Meijer gewann und so gingen der Cheftrainer und der Mittelstürmer ganz locker in die Partie, die in Athen nicht wirklich viele Menschen interessierte. Die AEK-Fans hätten wir eigentlich alle mit Handschlag begrüßen können. Auf die andere Seite des Stadions, ganz oben in der Ecke, hatte man die Aachener Fans gezwängt, von denen die Griechen offenbar Krach und Randale erwarteten, sonst hätte man sie wohl nicht so behandelt. Es gab keinen Grund dafür, die Aachener Fans waren da, um Spaß zu haben. Ein bisschen komisch war die Atmosphäre schon.

Zur Halbzeit stand es 0:0. Dieter Hecking sprach sehr besonnen und gezielt zu uns. „Jungs, ihr wisst gar nicht, wie gut ihr seid. Ihr spielt mit angezogener Handbremse, lasst doch mal los. Spielt Fußball, ihr habt nichts zu verlieren. Los, spielt!“ So gingen wir in die zweite Hälfte, kamen besser ins Spiel.

Gute Aktion von Scharping, der spielt den Ball quer rüber auf Plaßhenrich. Reiner schießt aus schwierigem Winkel, vom Innenpfosten kommt der Ball in meine Richtung. Mein Gegenspieler versucht, mich festzuhalten, ich reiße mich los und schiebe den Ball rein.

Da war ich wieder, europäisch immer zur Stelle. Vielleicht war es so, dass in unserer international unerfahrenen Mannschaft nach Leuten gesucht wurde, in die man Vertrauen hat und die Vertrauen ausstrahlen. Ich wusste, was wir machen müssen und war diese Person in unserem Team. Ich konnte es glücklicherweise mit Toren zurückgeben.

Eine geniale Kombination. Simon Rolfes spielt den Ball auf links hinaus, wo Stefan Blank frei ist. Direkt hinter den Verteidigern passt Stefan den Ball direkt in die Mitte, wo Daniel Gomez durchgelaufen ist. Daniel bleibt ganz cool und macht das 2:0. Mehr Spaß kann man auf einem Fußballplatz nicht haben.

Das Spiel ging zu Ende – eine Explosion der Freude! Wir tauschten noch die Trikots mit den Jungs aus Athen, als Willi mir auf den Rücken gesprungen ist. Also haben wir alten Säcke erstmal eine kleine Runde gedreht. Es war nicht schwierig, unsere Fans zu finden, schließlich waren sie die einzige Lärmquelle im Stadion. Wir liefen rüber und feierten enorm. Wieder so ein schöner Moment!

Alles dauerte länger als sonst. Normalerweise packt man nach Auswärtsspielen immer schnell alles zusammen und verlässt das Stadion. Diesmal nicht. Wir feierten in der Kabine, tranken Bier. Wo das herkam, weiß ich gar nicht, aber es war plötzlich da. Wir erfuhren, dass wir in Nordrhein-Westfalen zur Mannschaft des Jahres gewählt worden waren. Die Menschen honorierten also unsere Leistungen, was uns sehr stolz machte. Wir hatten das verdient, weil wir hart dafür arbeiteten. Es herrschte ein gigantischer Trubel. Nur einer war völlig ruhig, das war Jörg Schmadtke. Unser Manager war äußerlich völlig gelassen, wahrscheinlich war er in Gedanken schon wieder eine Runde weiter, das würde zu ihm passen. Er realisierte zweifelsohne schon in diesem Moment, was dieser Erfolg für den Verein bedeutete – sportlich wie finanziell. Wir Spieler wollten erstmal feiern, sowohl den Sieg als auch den Weg dorthin, der dieses Erlebnis erst ermöglicht hatte. Das letzte halbe Jahr hatte Kraft gekostet, aber wir waren im richtigen Moment immer da gewesen. Jemand hatte schwere Beine? Nicht daran denken, eine Vitamintablette extra und eine Stunde früher ins Bett, damit man auch ja dabei ist.

Die gesamte Busfahrt zum Hotel brauchte ich, um alle Kurzmitteilungen auf meinem Handy zu lesen. Unsere Familien und Freunde erwarteten uns bereits. Bevor die Party weiterging, mussten wir einen kleinen Partnerwechsel durchführen. Vor dem Spiel war ich ja mit Willi auf dem Zimmer, heute Nacht durfte ich dann neben meiner Frau schlafen. Im Ballsaal des Hotels fand das Bankett statt. Mannschaft, Trainer, Manager, Vorstand, Familien, Betreuer, Mitarbeiter,

Sponsoren, Presse – die schwarz-gelbe Nacht von Athen konnte starten. Der Präsident hielt eine Rede. Er war verständlicherweise sehr zufrieden mit dem Erreichten. Ich musste ihn leider kurz unterbrechen, weil er uns noch etwas für die Mannschaftskasse versprochen hatte. So fix musste ich natürlich sein, schließlich muss man seine Gönner ansprechen, wenn diese in einem guten Gemütszustand sind. Danke, Herr Präsident.

Ich habe nichts gegen Wein, ich hasse aber volle und leere Flaschen. Nach diesem Motto feierten wir an unseren Tischen und mit gutem Essen. Simon Rolfes, normalerweise strikter Antialkoholiker, hatte sich schon vor dem Essen in seiner Minibar ein paar Minifläschchen gegönnt und war allerbester Stimmung. Um vier Uhr früh kam Simon auf die Idee, ein Freundschaftsspiel gegen die Sponsoren auszurichten. Jeder konnte sich für einen gewissen Betrag ins Team einkaufen, das dann gegen uns antreten sollte. Er traute sich dann aber doch nicht richtig, die Leute anzusprechen. Also habe ich, mit einem Blatt Papier bewaffnet, angefangen, den Kader zusammenzustellen. Die Liste mit Namen und Telefonnummern habe ich heute noch.

Dieter Drehsen von der Firma dreco, ein guter Freund der Mannschaft, stellte sich sogar als Hauptsponsor zur Verfügung. Das hat er mit Simon Rolfes mitten in der Nacht sogar auf einem Bierdeckel schriftlich festgehalten. Gegen halb sechs bat uns das Hotelpersonal darum, für das Frühstück eindecken zu dürfen. Die 60, 70 Leute, die noch da waren, gingen entweder schlafen oder setzten die Party im Zimmer von Simon und Florian Bruns fort, die beide keine weibliche Begleitung dabei hatten. Reiner Plaßhenrich trug mit meiner Hilfe so viel Rotwein wie möglich aus dem Ballsaal in das Hotelzimmer, wo wir die Nacht bis kurz nach sieben ausklingen ließen. In dem Zimmer war so viel los, dass wir die Tür gleich aufgelassen haben. Wer aus dem Aufzug kam – und die gesamte Etage war ja fest in Alemannia-Hand – wusste gleich, wo es langgeht.

Am nächsten Mittag schafften wir es tatsächlich, uns auf Entdeckungstour zu begeben. Zugegeben: Der Kopf war etwas schwer, aber es lohnte sich, die wunderschöne Stadt Athen zumindest ein wenig unter die Lupe zu nehmen. Von der Akropolis aus gewannen wir einen Eindruck, wie groß Athen eigentlich ist. Mir schoss durch den Kopf, wie das kleine Aachen in dieser Millionenstadt am Vorabend gesiegt hatte. David hatte Goliath geschlagen und ganz Europa wusste jetzt, wer dieser David war.

Rund um unsere Reise nach Athen sprach ich erstmals mit Stefan Blank über seine Möglichkeit, zu einem Erstligisten zu wechseln. Er war in einer schwierigen Situation, aus emotionaler Sicht wollte er nicht aus Aachen weg, finanziell konnte er ein solches Angebot eigentlich nicht ausschlagen. Es lief bestens bei der Alemannia, Stefan war ein angesehener Führungsspieler. Andererseits war es möglicherweise die letzte Chance für ihn, den Schritt zu wagen und damit für sich und seine kleine Familie ausgesorgt zu haben.

Nach der Winterpause, zwischen unseren Testspielen in Gent und Kerkrade, sprachen wir im kleinen Büro unseres Zeugwarts Michael Förster noch einmal miteinander. Es hatte schon einiges in den Zeitungen gestanden, der 1. FC Kaiserslautern war offenbar sehr interessiert an Blanki. Stefan weihte mich grob in die finanzielle Dimension des Angebots ein. Auf Englisch würde man sagen, „it was an offer you can't refuse", also ein Angebot, das man nicht ablehnen kann. Die Differenz zwischen seinem Gehalt in Aachen und dem in Kaiserslautern war wirklich gewaltig. „Ich möchte nicht, dass du hier weggehst", sagte ich zu meinem Freund. „Aber du gehst eine Liga höher und verdienst ein Vielfaches mehr als hier, also weißt du eigentlich selbst die Antwort." Zwischen Waschmittel und Weichspüler begann Stefan plötzlich zu weinen. Ein Kerl wie ein Baum mit Tränen in den Augen, er war so emotional und hing so sehr an Aachen, dass er weinen musste.

Ich begann auch fast zu weinen beim Gedanken daran, dass Stefan bald nicht mehr jeden Tag da sein würde. Aber aus logischer Sicht und mit Blick auf die Zukunft konnte es nur eine Entscheidung geben. Sein Zögern zeigt, wie wohl sich ein Spieler in Aachen fühlen konnte, welch positives Klima hier im Laufe der Jahre entstanden war. Ich erklärte Stefan, wie oft ich in meiner Karriere den Verein gewechselt hatte und dass man selbst sein Schicksal bestimmen musste, indem man sein Umfeld positiv beeinflusst. Zwei Tage später rief uns der Trainer in der Kabine zusammen: „Stefan Blank wird uns ab sofort verlassen und nach Kaiserslautern wechseln", sagte er. Stefan kam rein und verabschiedete sich von jedem Einzelnen.

Ich schnappte ihn mir und umarmte ihn lange, denn er war in den letzten anderthalb Jahren ein ganz besonderer Kollege für mich geworden, mit dem ich vieles gemeinsam unternahm, sei es das Aufwärmprogramm vor Training und Spiel, das Mittagessen oder private Ausflüge. Ich bin gemeinsam mit Dennis Brinkmann Patenonkel seines Sohnes, was dokumentiert, wie eng wir befreundet waren. Es tat mir persönlich weh, dass er wegging. Für die Mannschaft war es ein Verlust, weil Stefan als Führungsspieler auf seiner Position Herausragendes geleistet hatte. So ist es im Fußball, du musst ab und zu Abschied nehmen von Leuten, die du gern hast. Das war in diesem Moment der Fall.

EINE RÜCKRUNDE ZUM VERGESSEN

Mit diesem Verlust starteten wir nach überzeugenden Testspielsiegen in Gent und Kerkrade in die Rückrunde. Wir hatten gut trainiert und waren alle der Auffassung, die Maschine würde so weiterlaufen. Es folgte ein böses Erwachen, denn niemand konnte ahnen, dass die Alemannia so schlecht starten würde. In Frankfurt: Willi Landgraf bedient Arie van Lent mit einer Traumvorlage, wodurch wir das Spiel verlieren. Gegen Ahlen: ausgekontert, 0:2. Gegen Unterhaching: In letzter Minute versuche ich, im Strafraum zu retten, der Ball springt mir auf die Hand, wir verlieren durch Copados Elfmeter 2:3. In der Liga sprach nicht viel für uns, jeder war froh, dass wir unsere triste Situation gegen ein weiteres UEFA-Cup-Spiel tauschen durften. Es ging gegen AZ Alkmaar, ein Team aus dem Norden der Niederlande, das in den letzten Jahren im Aufschwung war und richtig guten Fußball zeigte. Co Adriaanse hatte eine Mannschaft zusammengestellt, die den großen Drei Ajax Amsterdam, PSV Eindhoven und Feyenoord Rotterdam die Stirn bot. Was dort passierte, sah sehr strukturiert und überlegt aus. Das Stadion war allerdings eine alte Bruchbude, gegen die der Tivoli wie das reinste Schmuckkästchen daherkommt. Unsere neue Herausforderung, der Ausflug aus der Krise, hieß Alkmaar.

Als niederländischer und in meinem Heimatland bekannter Spieler geriet ich vor der Runde gegen AZ natürlich in den Fokus der Medien aus beiden Ländern. Es galt, die Anfragen einigermaßen strukturiert abzuarbeiten, was gar nicht möglich war. Also nahm ich an der offiziellen Pressekonferenz in einem Kölner Hotel teil. Natürlich kam die Frage, wie ich unsere Chancen sehe. „Es gibt nichts Schöneres, als gegen die Scheiß-Holländer zu gewinnen“, antwortete ich. Der Satz sorgte für unglaubliches Aufsehen, war aber natürlich bewusst von mir so gesagt worden. Denn normalerweise – und dieses Gefühl hatte ich auch – waren wir chancenlos gegen AZ Alkmaar. Ich hoffte, mit der Aussage für Reaktionen im anderen Kader zu sorgen, spielte den Bad Boy und zog die Aufmerksamkeit auf mich. Ich machte mir damit keine Freunde in meinem Heimatland, aber ich sehe das sehr professionell. Alemannia Aachen bezahlte mein Gehalt, also war es meine Pflicht, das Beste für den Klub zu versuchen. So weit es erlaubt ist, würde ich alles tun, um eine Runde weiterzukommen. Für alles Unerlaubte ermahnt mich der Schiedsrichter. Mir war klar, was mich in Alkmaar erwartete, aber damit muss man umgehen können.

Zuerst empfingen wir AZ aber in unserem zweiten Zuhause – 40.000 Zuschauer bei einem Spiel von Alemannia Aachen. Wahnsinn! Ich hatte genauso viele Kartenanfragen wie beim Pokalfinale. Von unserer Krise war nichts zu spüren, im Gegenteil: Wir machten ein tolles Spiel. Mit ein bisschen Glück hätte Daniel Gomez das 1:0 markieren können, sein Schuss ging knapp vorbei. Zehn Minuten vor Schluss kam es zu einer folgenschweren Szene. Ich verfolgte Lindenbergh, der jetzt bei Ajax spielt, und grätschte nach dem Ball. Er trat mir unabsichtlich auf den Knöchel, der zuerst nach außen und dann nach innen verdreht wurde. „Da ist was kaputtgegangen“, war mein erster Gedanke.

Nach der Behandlung ging ich wieder auf den Platz, Hecking hatte schon dreimal ausgewechselt. Aber ich humpelte nur noch über das Spielfeld, an mehr war nicht zu denken. Laurentiu Reghecampf war ebenfalls verletzt draußen, weshalb ich froh war, als der Schiedsrichter das Spiel bei 0:0 endlich abpfiff. Damit hatten wir eine reelle Chance fürs Rückspiel, wenngleich es klar war, dass Alkmaar uns in ihrem eigenen Stadion mit mehr Druck empfangen würde, als sie es auswärts getan hatten.

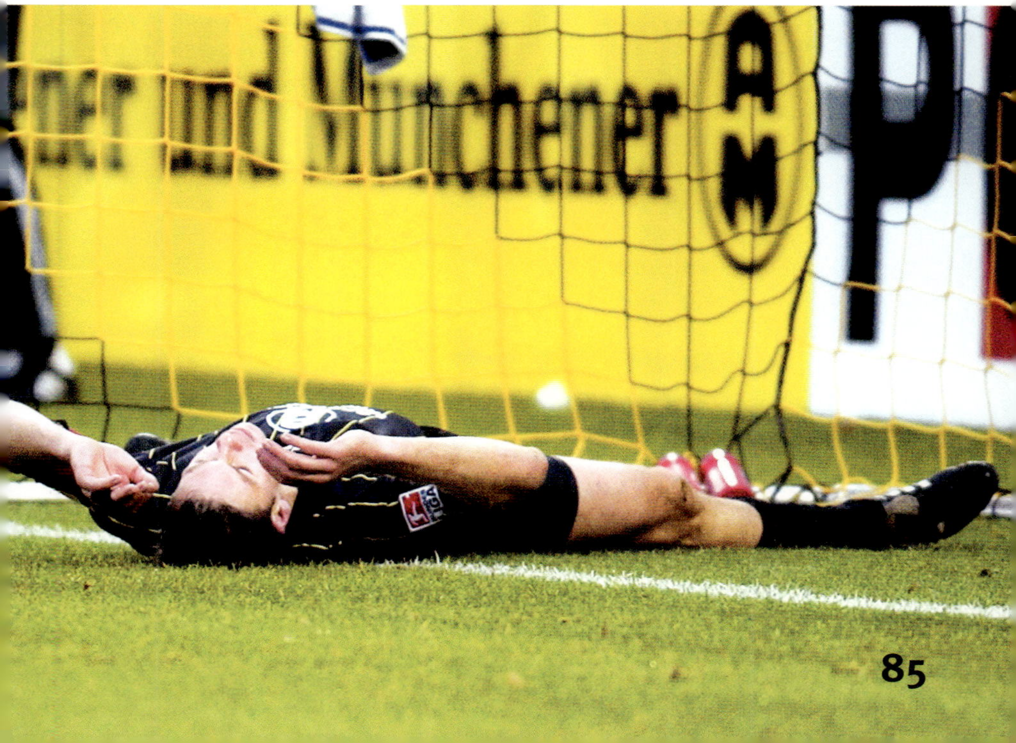

Wenige Tage später stand Köln wieder auf dem Reiseplan, diesmal in der Liga gegen den 1. FC Köln. Ich überbrückte die paar Tage zwischen den beiden Spielen mit Behandlungen durch Jupp Vanhoutem. Der Knöchel war dick angeschwollen und bereitete mir große Schmerzen. Rund um die Uhr versuchte Jupp sein Bestes, ich fuhr sogar mit zu ihm nach Hause, aber es half alles nichts. Außer geradeaus laufen ging nicht viel, also setzte ich mich gegen Köln auf die Bank. In den letzten Minuten des Spiels, das wir überlegen gestalteten und endlich mal wieder einen vernünftigen Auftritt in der Liga hinlegten, sollte ich mit meiner physischen Präsenz noch ein wenig helfen und wurde eingewechselt. Thomas Stehle hatte Gelb-Rot gesehen, das Team musste also in der Schlussphase in Unterzahl über die Runden kommen und hatte die Sache ziemlich gut im Griff.

Im Gegensatz zum Hinspiel entwickelten die Kölner keinen großen Druck auf unser Tor. Aber dieses Frühjahr hatte es wirklich in sich, irgendwie standen die Sterne für Alemannia Aachen nicht gut. In der letzten Minute schoss Christian Springer einen Ball in Richtung Eckfahne. Auf dem Weg dorthin streifte der Schuss leider den Glückspilz Lukas Podolski, der ihn ins Tor lenkte. Bitterer kann es dich gar nicht erwischen. Dicker Knöchel, nächste Niederlage, Derby verloren, nicht verdient, aber verloren. Der einzige Vorteil war, dass keine Zeit zum Nachdenken blieb, weil wir vier Tage später schon das Rückspiel in Alkmaar bestritten.

Ich wollte unbedingt spielen. Uns war allen klar, dass in meinem Sprunggelenk etwas kaputt war, denn ich hatte Schmerzen und konnte nicht schießen. Ich trainierte nicht und packte meinen Knöchel dick ein, schonte das Gelenk, wo es nur ging. Ein solches Spiel kann Erik Meijer nicht an sich vorübergehen lassen. Der Trainer fragte, ob ich spielen könne. Ich antwortete: „Ich werde spielen." Mein Magen war wegen der vielen Schmerzmittel durcheinander – danke übrigens an die Firma Voltaren für ihre Präparate, egal, ob Tabletten oder Salbe. Weil der Rasen im Stadion wegen des schlechten Wetters abgedeckt war, konnten wir am Abend vor dem Spiel nicht im Stadion trainieren. Ein Platz auf einem Bauernacker diente uns als Alternative, was meinen Knöchel nicht erfreute. Obwohl wir auf einer mit Stacheldraht umzäunten Wiese trainierten, fanden sich einige niederländische TV-Sender ein, denen ich voller Überzeugung erklärte, wie schwierig es sein würde, die Alemannia zu schlagen. Im Hinspiel war kein Unterschied erkennbar gewesen, wir waren sogar einen Tick besser.

Es kam wie erwartet: Kaum hatte ich einen Fuß aus dem Bus gesetzt, wurde ich mit Sprüchen wie „Scheiß Deutscher", „Verräter" und „Überläufer" belegt. Ein Empfang, der meine Lust auf die 90 Minuten nur noch steigerte. Nach zähem Beginn ging es mit dem Knöchel zu meiner Überraschung ganz gut, ich spürte nicht allzu viel. Wir befreiten uns einige Male gefährlich aus der Abwehr, trugen schnelle Gegenangriffe vor. Frank Paulus zog ab und wurde zur Ecke geblockt. Standardsituation – unsere große Stärke.

Bis zur Winterpause spielte Stefan Blank bei solchen Gelegenheiten eine wichtige Rolle, jetzt übernahm Emil Noll seinen Part. Von der Größe her machte das keinen Unterschied, aber Emil übte noch nicht die physische Präsenz aus und hatte als eher schlaksiger Typ nicht die Wucht eines Stefan Blank. Auch Alex Klitzpera war als kopfballstarker Abwehrspieler natürlich mit vorne.

Ecke kommt auf den ersten Pfosten, Klitze verlängert, ich köpfe den Ball rein.

Plötzlich war es verdammt ruhig im Stadion, was mir sehr gut gefiel. Alemannia führt in Alkmaar, Meijer hat wieder zugeschlagen. Bloß kein Spiel auslassen, es könnte immer das letzte Spiel auf internationaler Ebene sein. In meiner Heimat gegen eine niederländische Mannschaft zu treffen, klar war das eine besondere Genugtuung. Bis zur Halbzeit spielten wir richtig gut mit. O.K., es gab einige brenzlige Situationen vor unserem Tor, aber Straubi war in bester Verfassung und hat alles rausgeholt. Mit einem guten Gefühl ging es in die Halbzeitpause.

Wir geraten stärker unter Druck, kommen aber zu einem starken Konter. Simon Rolfes allein vor Henk Timmer, ich bin mitgelaufen, aber Simon muss den Abschluss suchen. Linksschuss, aber nicht platziert genug, Timmer hält.

Hätte, wenn und aber. Man weiß nie, was gewesen wäre. Ich behaupte: Hätte Simon das 2:0 gemacht, wäre im De Alkmaarderhout Feierabend gewesen. Stattdessen drehte sich das gesamte Spiel innerhalb weniger Minuten. Barry van Galen machte das 1:1. Der bereits verwarnte Thomas Stehle konnte Sektoui nicht halten, zog ihn runter und wurde des Feldes verwiesen. Blöde Aktion, das war der Knackpunkt. Nach einer Ecke, wo wir normalerweise nie ein Gegentor bekommen, kippte die Sache endgültig zu Gunsten von Alkmaar. Wir versuchten alles, schickten Chris Iwelumo vorne rein – vergeblich.

Zwei Mannschaften hatten sich 180 Minuten lang ohne erkennbaren Unterschied bekämpft und trotzdem musste eine, Alemannia Aachen, ausscheiden. Reiner Plaßhenrich saß völlig deprimiert auf dem Rasen, ich sammelte ihn auf, um zu den Fans zu gehen. Aber selbst die Unterstützung und Aufmunterung der 1.000 Aachener erreichte niemanden wirklich mehr. Das Kapitel UEFA-Pokal wurde für Alemannia Aachen und Erik Meijer zugeschlagen. Mein Zähler blieb bei 25 Einsätzen und acht Toren stehen. Nicht schlecht für einen so beschränkten Spieler wie mich.

Wortlos ging ich in die Kabine, keine Interviews, nichts. In der kleinen Umkleide herrschte Totenstille. An allen vorbei ging ich in den Duschbereich, kauerte mich hin und heulte meine Frustration raus. Es war mucksmäuschenstill, keiner konnte oder wollte etwas sagen. Ich stand auf, immer noch voller Adrenalin, und begann zu fluchen. Ich sah Thomas Stehle. Tut mir Leid, Thomas, du warst einfach der falsche Mann am falschen Ort. Ich brüllte ihn an, er sei ein Blödmann, so eine rote Karte zu kassieren, statt sich auf die Hilfe der anderen zu verlassen. Thomas war natürlich ohnehin schon bedient, und dann kommt auch noch jemand und machte ihn vor der ganzen Mannschaft zur Sau. Es war sicher nicht der eleganteste Weg, aber that's the way I am. Ich konnte in diesem Moment nicht anders, der Frust musste einfach raus.

Thomas hat glücklicherweise eine dicke Haut und er wusste ja selbst, dass er einen Fehler gemacht hatte. Schließlich sind wir Profis und verdienen unser Geld mit Fußball. Und neben dem Ende unseres europäischen Traums ging uns auch eine Menge Prämie durch die Lappen. Ich weiß nicht mehr die Summe, aber bei Zentis muss man dafür lange arbeiten. Die Realität war hart: Ausgeschieden im tristen Stadion von Alkmaar an einem saukalten Abend und in der Liga lief es ziemlich beschissen. Und das Schlimmste stand uns noch bevor: Sunday Bloody Sunday. Der Kelch war noch nicht leer.

1:5 zu Hause verloren gegen Erzgebirge Aue. Das kann man sich in seinen schlimmsten Träumen nicht vorstellen. Nach dem 0:2-Rückstand gelang mir noch der Anschlusstreffer. Genau bei dieser Aktion kam der Schmerz zurück in meinen Körper. Die Wellen, die der Knöchel aussandte, gingen durch und durch. Aber was machst du in einer solchen Situation? Gehst du vom Feld? Ich wusste, dass meine Jungs mich brauchten, also blieb ich. Meine Gesundheit war mir in diesem Moment nicht wichtig. Mein Knöchel hatte da eine ganz andere Auffassung und protestierte in den kommenden Tagen so heftig, dass überhaupt keine Schmerzmittel mehr halfen. Die 1:5-Niederlage war ein böser Cocktail aus der Enttäuschung von Alkmaar und unserer miserablen Serie in der Meisterschaft. Beides zusammen ergab diesen schwarzen Sonntag. Unsere Fans bewiesen ein feines Gespür und applaudierten trotzdem. Einige hatten auch Plakate gemalt: „Für uns seid ihr UEFA-Cup-Sieger“. Wir fühlten uns leider gar nicht so.

Die Stimmung war auf dem Nullpunkt angekommen. Viele kämpften in diesem Moment wohl mit einer inneren Leere, körperlich wie geistig. Nach den vielen Rückschlägen glaubten wir nicht mehr an uns. Das Feuer war ausgegangen. Auch in meinem zweiten Jahr bei der Alemannia brach uns der katastrophale Start nach der Winterpause das Genick. Der Trainer analysierte das Spiel recht nüchtern. Hecking erklärte uns, dass er eine solche Reaktion nach der Enttäuschung in Alkmaar schon erwartet hatte und ging nicht hart mit uns ins Gericht.

Mein Knöchel war wieder dick geschwollen und sehr empfindlich. Ein Sprung zurück in die Zeit, kurz nachdem die Verletzung passiert war. Ich wusste: Zehn Tage Pause wären jetzt das einzig helfende Mittel. Aber wir hatten das Auswärtsspiel in Dresden vor der Nase, schon am Freitag. In dieser Phase gab es einfach keine großen Verschnaufpausen für uns. Also lief ich in Dresden auf, haute mich mit aller Macht in die Partie. Ich spielte wahrlich nicht gut, genauso wie alle ausnahmsweise weiß gekleideten Aachener an diesem Abend. Wir verloren auch dort mit 0:2. Der absolute Tiefpunkt war erreicht. Beim Abendessen im Hotel war bestenfalls das Klappern von Besteck zu hören, gesprochen wurde jedenfalls nicht. Auf der Fahrt zum Flughafen am nächsten Morgen war die Stimmung nicht besser. Es gab keine Entschuldigung mehr wie das Ausscheiden in Alkmaar, dieses Mal fiel die Verantwortung auf uns, die Mannschaft, zurück, auch wenn wir uns in einer so schlechten Phase befanden, wie ich sie in meiner Aachener Zeit noch nicht erlebt hatte. Sofort nach der Ankunft am Tivoli kam die Anordnung, alle sollten die Laufschuhe anziehen. Reiner Plaßhenrich hatte Probleme mit dem Knie, mein Knöchel war jetzt total kaputt. Die Nachfrage hätte ich mir sparen können. „Alle“, war die knappe Antwort. Im Wald teilten die Trainer uns in Gruppen ein, wir mussten unsere gewohnte, 600 Meter lange Runde in vorgegebener Zeit durchlaufen. Eine Runde, zwei, drei, vier fünf. „Jetzt sind wir bei der Hälfte“, dachte ich. Sechs Runden, sieben, die Schmerzen in meinem Knöchel nahmen immer weiter zu, acht, neun, zehn. Pause.

„Raus aus diesem Wald“, dachte ich und erwartete, dass wir noch eine große Runde locker ausliefen. „Die Hälfte haben wir“, zerstörte der Trainer meine Hoffnungen. 20 Temporunden am Tag nach dem Spiel, dazu je eine Runde Ein- und Auslaufen. Wir verbrachten den ganzen Mittag im Wald. Nicht, um ein paar Pilze zu sammeln oder mit dem Hund Gassi zu gehen. Laufen, laufen, laufen. Am Ende spürte ich gar nichts mehr. Ich versuchte, beim Laufen möglichst so zu belasten, dass es nicht so schmerzte. Also tat mir am Ende auch der ganze restliche Körper weh. Nach dem Training ging ich zum Trainer in die Kabine und sagte ihm, dass ich so nicht weitermachen konnte. Es ging einfach nicht mehr. Der Punkt, eine Pause einzulegen, war schon lange überschritten, jetzt musste auch ich das einsehen. „Geh erstmal nach Hause“, sagte der Trainer nur. Später rief er mich an. Er kündigte mir ein knallhartes Programm für die nächsten Tage an. „Sag das den Jungs.“

Als Fußballer suchst du in solchen Phasen immer nach Gründen für die schlechten Ergebnisse. Das Schlimme war: Wir fanden keine. Keine lange Verletztenliste, Emil Noll vertrat Stefan Blank auf der linken Seite gut – auf den ersten Blick war nichts zu finden. Der Manager war in dieser Zeit häufiger in der Kabine als sonst. Normalerweise kam Jörg Schmadtke sehr selten von seinem Büro die paar Schritte rüber zu uns. Er betrachtet die Kabine als sehr intimen Bereich der Mannschaft, weshalb der Zugang auch auf sehr wenige Personen, wie natürlich den Betreuerstab, die sportliche Abteilung und unseren Pressesprecher, begrenzt ist. In dieser Zeit war er, wie gesagt, öfter bei uns, um die Stimmung des Teams einordnen zu können. Der Trainer hatte schlechte Laune und wenn Dieter Hecking schlecht gelaunt ist, dann spürt man das relativ schnell. Dirk Bremser als seinem Assistenten blieb nichts anderes übrig, als seine übliche lockere Art auch gegen eine sachliche Umgehensweise mit uns Spielern einzutauschen.

Wir büßten nicht nur einige der Freiheiten ein, die wir sonst genossen, sondern meine Kollegen wurden im Training so richtig rangenommen – es gab keinen besseren Moment, um verletzt zu sein. Wenn ich auf der Behandlungsliege meinen Knöchel behandeln ließ, bekam der Rest den Unmut des Trainers zu spüren. In immer neuen Variationen mussten sie über den Platz rennen. Von der Grundlinie zum Fünfer, wieder zurück, zum Sechzehner, wieder zurück, zur Mittellinie, wieder zurück, zum anderen Sechzehner, wieder zurück, zum anderen Fünfer, wieder zurück, zur anderen Grundlinie und wieder zurück. Davon gab es Wiederholungen en masse. Ich bekam all das nur aus der warmen Kabine mit, denn an Training war nicht zu denken. Irgendwann sagte Hecking zu mir: „Sieh zu, dass du wieder ganz gesund wirst. Es hilft nicht, wenn du hier nur halb fit rumläufst." Also ging ich zu meinem Freund Roel Coumans, einen Physiotherapeuten aus den Niederlanden. Ich brauchte ungefähr zehn Tage, bis es langsam besser wurde. Durch die täglichen mehrstündigen Übungen und Anwendungen wurde der Knöchel langsam stabiler und belastbarer. Ich reduzierte die Menge der Schmerzmittel und der Übergang vom Fuß zum Unterschenkel wurde langsam wieder sichtbar. An dieser Stelle befand sich in den vergangenen Monaten immer nur eine undefinierbare Masse.

Zum Glück beendete Alemannia Aachen in meiner Abwesenheit seine schwarze Serie im Frühjahr mit zwei Siegen gegen Trier und in Saarbrücken. Man denkt zwar immer: „Schlimmer kann es nicht mehr werden“, dennoch war das Aufatmen im Verein groß. Prompt wuchs auch das Selbstvertrauen wieder, das merkte man sofort. Kurz vor dem Spiel gegen Erfurt kehrte ich ins Training zurück und sollte für Notfälle auf der Bank sitzen. „Eine halbe Stunde müsste ich hinkriegen“, sagte ich dem Trainer. Am Mittag vor dem Spiel meldete sich Jens Scharping verletzt ab. Der Trainer rief mich kurz vor dem Spaziergang zu sich. „Erik, du musst spielen. Kann ich auf dich bauen?“ Ich wusste nicht, wie lange es klappen würde, stand aber plötzlich wieder in der Startelf. Das erwies sich nicht als Nachteil. Zur Halbzeit stand es 4:0, dreimal hieß der Torschütze Erik Meijer. Das erste Tor hat es in die Liste meiner schönsten Tore geschafft. Laurentiu Reghecampf flankte mir den Ball hart und präzise auf den Kopf und ich platzierte ihn genauso hart unter der Latte. Außerdem fälschte ich einen Freistoß von Cristian Fiel ins Tor ab und ließ einen weiteren Kopfball nach Ecke von Reghecampf folgen. Nach einer Stunde konnte ich das Feld verlassen. Aus heiterem Himmel steckten wir mitten in einer Positivserie, die aber durch die beiden torlosen Unentschieden in Oberhausen und gegen Duisburg ein wenig an Fahrt verlor. Durch die Niederlage bei 1860 München konnten wir unsere wieder aufgekeimten Aufstiegshoffnungen dann endgültig begraben. In diesem Spiel waren wir nicht präsent, nicht gut, vieles ging schief.

Das erste Halbjahr 2005 brachte nicht das, was wir erwartet hatten. Mit 52 Punkten landeten wir wieder auf Platz 6. Wir waren um viele Erfahrungen reicher, aber unser Ziel, den Aufstieg, verfehlten wir. Viele Sympathien und viel Erfahrung – das gewannen wir in dieser Spielzeit. Aachen war dank der sehr guten Auftritte im Europapokal jetzt auf der Fußball-Landkarte vertreten. Es lag an uns, das auszubauen und im dritten Anlauf den Sprung auf die oberste Etage zu schaffen. Das Umfeld war bereit dafür, die Stadt ebenfalls. Der Verein verfügte mittlerweile auch über die notwendigen Strukturen. Jetzt galt es, eine Gruppe Jungs zusammenzukriegen, die den Aufstieg im dritten Jahr schaffen können.

Mein Vertrag wurde um ein weiteres Jahr verlängert. Ich sprach kurz mit Jörg. „Möchtest du noch ein Jahr?“ „Ja, wieso nicht?“ „Wollen wir einen Vertrag machen?“ „Können wir machen.“ Also machten wir es so. Zwei Sätze aufs Papier, Vertrag um ein Jahr zu denselben Konditionen verlängert, Unterschrift drunter, Feierabend.

ANGRIFF AUF DAS GROSSE ZIEL

Der Sommer begann herrlich: mit einem ProAm-Golfturnier in Hilversum. Golf ist für mich nicht bloß ein Hobby, sondern eine Leidenschaft. Weil ich die ganze Woche im Team arbeite, genieße ich es, beim Golfen für mich ganz alleine verantwortlich zu sein. Läuft es gut, kann ich mich freuen, läuft es schlecht, weiß ich, dass nur ich selbst dafür verantwortlich bin und kein Mitspieler. Das Schöne an dieser Sportart ist, dass man sich nur verbessern kann. Sobald du glaubst, du hast den Dreh raus, fliegt der Ball nicht mehr so wie gewollt. Dabei ist das Prinzip des Spiels so einfach: Der kleine Ball muss in das kleine Loch. Nicht mehr und nicht weniger. Und das mit so wenigen Schlägen wie möglich. Ich begann vor rund zehn Jahren in Eindhoven mit dem Golfen, gemeinsam mit Luc Nilis und Roland Waterreus.

Es macht mir bis heute riesigen Spaß, draußen in der Natur zu sein und dem Sport nachzugehen. In Hilversum spielte ich mit vielen anderen Fußballern im Vorfeld der Dutch Open ein Wohltätigkeitsturnier. Ronald und Frank de Boer waren dabei, Marco van Basten, Ruud Gullit, Johan Cruyff, einige Eisschnellläufer, Schauspieler und weitere Prominente. Es war herrlich, mit den Jungs auf dem Platz Spaß zu haben, über Fußball zu quatschen und zu hören, wie es jedem in letzter Zeit ergangen war. Ronald de Boer kam extra für das Turnier aus Katar, wo er spielte. Die Gespräche bei solchen Gelegenheiten sind wie bei ganz „normalen“ Menschen: Wie geht's, was macht die Familie, wie läuft es im Job? Es war ein gutes Gefühl, dass viele über Alemannia Aachen sehr gut Bescheid wussten, ein weiteres Zeichen dafür, wie sehr unser Erfolg auf europäischer Ebene den Verein nach vorne gebracht hat.

Danach fuhr ich mit Sandra nach Südfrankreich. Drei Hotels, jeweils vier, fünf Tage. Zuerst waren wir in Eze, von da aus nach St. Paul de Vence, einem kleinen Bergdorf an der Küste. In der Nähe von St. Tropez ließen wir den Urlaub ausklingen. An Frankreich mag ich die gute Küche und natürlich den guten Wein. Einen hervorragenden Rotwein mit der nötigen Ruhe zu genießen, ist nicht nur ein Genuss für den Gaumen, sondern auch ungeheuer entspannend. Dazu passt die französische Lebensart, das Savoir-vivre. Die Ruhe und der gemächliche Gang der Dinge in unseren drei Urlaubsorten waren in diesem Sommer genau das Richtige für mich. Wir suchten uns die guten Restaurants aus dem Guide Michelin und genossen in vollen Zügen. Ich ließ Körper und Geist zur Ruhe kommen. Es war eine feine Zeit, bis mein Auto kaputtging. Bis zu diesem Zeitpunkt war mir noch nicht bewusst, dass das Mercedes Call-Center in Maastricht ist. „Hey, Erik, bist du das?“, fragte die Stimme am anderen Ende der Leitung. So klein ist die Welt, der freundliche Helfer kam auch aus Meerssen. So wurde alles für mich getan, ich bekam sofort einen Ersatzwagen. Dennoch ist es natürlich immer unangenehm, wenn im Urlaub das Auto in die Werkstatt muss. Erst in den letzten paar Tagen begann ich mit leichtem Lauftraining, denn der Trainingsauftakt war extrem früh. Die Mannschaft hatte nur knappe vier Wochen Urlaub, was sehr wenig ist, wie ich finde. So kehrte ich mit repariertem Auto zurück in die Heimat, um mich bestens erholt in die Vorbereitung zu stürzen.

Die Saison 2005/2006, meine dritte in Aachen, begannen wir mit einer klaren Zielsetzung: Aufstieg! Mancher fand es gewagt oder gar arrogant, dieses Ziel so klar zu benennen, ich sage: Für mich war es logisch. In den beiden Spielzeiten zuvor gingen wir jeweils als Sechster durchs Ziel, das nur zu bestätigen, konnte nicht mehr ausreichen und entsprach auch nicht unseren Ansprüchen. Weiterer Unterschied zu den Vorjahren: Der Kader blieb im Großen und Ganzen zusammen, das Gerüst stand. Mir persönlich tat der Weggang von Simon Rolfes sehr weh. Wenn man ein Team entwickeln will, muss man die Leistungsträger natürlich behalten. Simon hatte aber eine Klausel in seinem Vertrag und konnte den Verein für eine lächerliche Summe verlassen – Kleingeld im Vergleich zu seinen riesigen Fähigkeiten, die er ja bei meinem alten Klub Bayer Leverkusen auch gleich unter Beweis gestellt hat. Es ist eine Schande, dass man einen solchen Spieler für weniger als eine Million Euro verkaufen musste – aber so ist das heute mit den Verträgen, die Berater diktieren immer mehr die Konditionen, auch wenn Jörg Schmadtke stets mit harten Bandagen kämpft.

Meinen Nachfolger und in dieser Saison auch Konkurrenten hatte ich im Sommer bei unserer traditionellen Abschlussfahrt am Ballermann selbst angeworben. Marius Ebbers lag da mit seiner weißen Haut am Strand – nein, er saß im Schatten – und feierte mit seinen Kölner Kollegen den Aufstieg. „Alemannia, das wäre der richtige Klub für dich", sagte ich zu ihm. Mit einem Bier in der Hand bot ich ihm an, langsam meine Rolle zu übernehmen, ehe ich am Ende der Saison in den Ruhestand gehe. Denn genau das war mein Plan. Ich spürte schon damals, dass es meine letzte aktive Saison sein würde und machte eigentlich von Anfang an keinen Hehl daraus. Es begann mein 18. Profijahr, im August 2005 wurde ich 36 Jahre alt. Es gibt eine Person, die das besonders gut beurteilen kann: meine Frau. Nur sie weiß, wie ich mich morgens oft mit Schmerzen aus dem Bett quäle. An solchen Tagen gratuliere ich mir jedes Mal zu der Investition einer Fußbodenheizung im Badezimmer. Ich stelle mich morgens auf die Fliesen und mache ein paar Dehnübungen, ehe ich mein Müsli frühstücke.

Erst dann kommt mein Körper so langsam in Schwung. Besonders englische Wochen setzten mir immer mehr zu, auch der Rhythmus Montag/Freitag, der in der Zweiten Liga ab und zu mal vorkommt, war nichts mehr für meinen alten Körper. Wenn ich mich nicht fit fühle, dann spiele ich auch nicht gut, die gute Physis ist in jedem Fall die Basis meines Spiels. Dieses Wissen bildete immer den Antrieb, meinen Beruf möglichst professionell auszuüben. Trotz aller Sorgfalt merkte ich dennoch, dass die Wehwehchen zunahmen.

Und weil der Verein sich entwickeln wollte, ja musste, war die Verpflichtung eines zweiten echten Mittelstürmers folgerichtig. Marius Ebbers ahnte bei unserem Treffen auf Mallorca natürlich noch nichts davon, dass der 1. FC Köln ihn trotz seiner guten Leistungen an der Seite von Lukas Podolski nicht mit in die Erste Liga nehmen wollte. „Du kannst langsam in die Rolle reinwachsen und dann trete ich an die Seite", sagte ich zu ihm.

Ein paar Wochen später stand er plötzlich bei uns auf dem Trainingsplatz und hatte einen Vertrag unterschrieben. Genau wie Sascha Rösler, der zweite Weißhäutige, den wir auch am Ballermann aufgabelten, weil er mit den Fürthern unterwegs war. Das ist die Nachricht an alle Klubchefs: Wenn ihr gute Offensivleute sucht, fahrt nach Mallorca! Immerhin schafften es die beiden, trotz ihrer weißen Haut, keinen Sonnenbrand zu bekommen. Im Gegensatz zu unserem waschechten Portugiesen Sergio Pinto. In der prallen Sonne liegend, machte ich ihn darauf aufmerksam, dass er sich besser in den

Schatten begeben sollte. „Ich kann das ab“, war seine knappe Antwort. Erst als ich ihn nach ein paar Stunden weckte, indem ich Bier in seinen offenen Mund laufen ließ, bemerkte unser südländischer Freund den Ernst der Lage. Er nahm die nächste Maschine nach Deutschland, um seine Verbrennungen dort versorgen zu lassen.

Generell verstärkte Jörg Schmadtke den Kader meiner Ansicht nach richtig gut. Neben unseren beiden Freunden von der Insel kam Matze Heidrich dazu, der mir bei Erzgebirge Aue schon immer sehr gut gefallen hatte. Dann war da Goran Sukalo, den ich nicht gut kannte, der aber ein technisch ungemein beschlagener Spieler ist. Mein Landsmann Erwin Koen, temperamentvoll, schnell, ein Turbo auf der linken Seite, wechselte aus Essen zu uns.

Er war gesegnet mit einem Schuss der Kategorie Albertz, wenn der den Ball richtig trifft, dann weint der Ball. Außerdem kehrte Bernd Rauw aus Bielefeld zurück an den Tivoli und brachte Erstliga-Erfahrung mit. Dafür verließ nach Stefan Blank ein weiterer echter Freund den Tivoli. Dennis Brinkmann stellte bereits in der abgelaufenen Saison die perfekte Nummer 12 dar. Das Mittelfeld-Duo Reiner Plaßhenrich und Simon Rolfes war so stark, dass Dennis auf seiner Position im defensiven Mittelfeld kaum Einsätze bekam. Durch seine universelle Einsetzbarkeit wurde er so zum Allround-Ersatzmann, was ihn aber immer weniger zufrieden stellte.

Zwar verließ Simon Rolfes den Verein, aber mit Matthias Heidrich und Goran Sukalo wurden gleich zwei Alternativen für das zentrale Mittelfeld verpflichtet. Bei Dennis lag der Fall ein wenig anders als bei Stefan. Er wollte einfach regelmäßig spielen und das ging bei der Alemannia nicht mehr. Also suchte sich der vermeintlich dünnste Spieler der Zweiten Liga einen neuen Verein, was mir wieder sehr wehtat. Dennis ist der Typ Mensch, der einem schon beim Betreten der Kabine ein Lächeln auf die Lippen zaubern kann. Ein freundlicher, bodenständiger, fleißiger und einfach natürlicher Kerl, der dazu auch noch alle deutschen Schlager auswendig kann und beim Karaoke mit Vorliebe zum Mikrofon greift. Sportlich sollte sich sein Wechsel nach Braunschweig als absolut richtige Entscheidung erweisen, menschlich bedeutete sein Weggang für mich persönlich den zweiten herben Verlust innerhalb eines halben Jahres.

Durch die Formulierung des Ziels Aufstieg entstand ein gesunder Druck, mit dem wir nur umzugehen lernen mussten. Schon die Werte beim ersten Laktattest waren außergewöhnlich gut, höher als in den Jahren zuvor. Da war eine Gruppe hungriger Jungs, die schon am Beginn der Vorbereitung richtig fit waren. Im Gegensatz dazu hatten wir in den Vorjahren einige Leute im Kader, die das Laufen nicht zu ihren Lieblingsbeschäftigungen zählten.

In unserem Lauftrainingslager in Höhr-Grenzhausen ging es gut zur Sache. Zum ersten Mal hatten wir so etwas wie einen Lauftrainer dabei. Jörg Jakobs, genannt JJ, kannte den Wald um unser Hotel wie seine Westentasche. Ganz nebenbei scoutet er auch für den Verein, aber bei Sachen wie Laktatwerten und Pulskurven macht ihm niemand etwas vor. Jeden Abend saß er an seinem Laptop und hat unsere Werte analysiert, jeder Spieler hatte seine individuellen Vorgaben. Erwin Koen lief in meiner Gruppe, wir Niederländer motivierten uns gegenseitig. Wie viele sprintstarke Fußballer mochte auch Erwin die Ausdauerläufe nicht. Dennoch avancierte er zum Mr. Vorbereitung. Egal, wo wir auch spielten: Erwin Koen war immer auf der Torschützenliste zu finden. Ich war froh, dass mein Landsmann einen guten Start erwischte. Weil wir stets gemeinsam liefen, riet ich ihm: „Bleib in meiner Nähe, das gibt positive Energie."

Am Ende des ersten Trainingslagers ernannte mich der Coach wieder zum Kapitän. Im Mannschaftsrat gab es einige Bewegung. Stephan Straub und Alex Klitzpera waren beide lange verletzt und wurden daher nicht mehr gewählt. Das Team wählte Reiner Plaßhenrich zum Vizekapitän, Matze Heidrich war als Neuzugang überraschenderweise in unserem Gremium dabei, Moses Sichone als stabiler Faktor in der Verteidigung und Willi Landgraf. Der Mannschaftsrat ist nicht nur dazu da, mit dem Sportdirektor die Prämien auszuhandeln, was manchmal eine zähe Sache sein kann, sondern trägt auch zur Bildung einer Hierarchie innerhalb des Teams bei.

Gerade in den ersten Spielen der kommenden Saison, als einige Säulen fehlten, sollten wir merken, wie wichtig eine solche Rangordnung auf dem Feld ist. Mit der Rückkehr auf die harten Trainingsplätze in Aachen meldete sich mein Knöchel wieder. Unser Orthopäde Heinz Mangels half mir allerdings dieses Mal mit einer Spritzenkur. Zwar tat es jedes Mal höllisch weh, wenn er in das Gelenk spritzte, aber es brachte mir einige Wochen lang unheimliche Fortschritte. Parallel dazu nahm ich Tabletten, um die entzündungshemmende Wirkung der Spritzen zu unterstützen. Im zweiten Trainingslager bekam ich eines Abends plötzlich Herzrhythmusstörungen. Weil Marius Ebbers geschnarcht hatte, zeigte ich ihm die rote Karte und verbannte ihn nachts zum Schlafen aus unserem Zimmer in den Massageraum, wo noch ein Bett stand. Ich war also allein im Zimmer und wurde fast verrückt. Mein Herz raste, ich konnte kaum schlafen. Das Gesicht schwoll an, ständig brach mir der Schweiß aus. Am Morgen fragte ich gleich unseren Torwarttrainer Christian Schmidt, der auch Arzt ist, was mit mir los sein könnte. Er tippte auf einen Allergieschock, ließ sich aber auch das Präparat zeigen, das ich einnahm. Ich setzte das Medikament daraufhin ab und erhielt von ihm ein anderes Mittel. Die Lage besserte sich. Ich absolvierte das normale Programm und beendete das Trainingslager am Wiesensee gemeinsam mit meinen Kollegen.

Doch gleich nach unserer Rückkehr erlebte ich die nächste Horrornacht. Dieselben Symptome brachten mich um den Schlaf, ich bekam Angst um mein Leben. „Das geht nicht gut", sagte ich zu Sandra. Mitten in der Nacht fuhren wir zum Krankenhaus nach Maastricht. Der Arzt machte ein EKG und führte allerlei Tests durch, konnte aber nichts finden. Erhöhter Blutdruck wegen der Aufregung, das war alles. Er schickte mich wieder nach Hause. Gemeinsam mit dem Trainer und unseren Ärzten fassten wir dennoch den Entschluss, dass ich mich einige Tage erholen sollte. Bis auf leichte Läufe sollte die Belastung weitgehend reduziert werden.

Aber ich fühlte mich nicht gut, es blieb das Gefühl, dass etwas nicht in Ordnung war. Ich begab mich in die Behandlung des Aachener Kardiologen Dr. Düsseldorf. Auch er checkte mich und verordnete mir schließlich ein 24-Stunden-EKG. Also lief ich einen Tag lang verkabelt und mit einem kleinen Kästchen um den Hals herum. Das Ergebnis war nahezu perfekt, keinerlei Beanstandungen. Beim Belastungs-EKG, also der Messung der Herzfrequenz auf dem Fahrradergometer, war der Doc allerdings nicht mehr zufrieden: ganz im Gegenteil. „Das gefällt mir überhaupt nicht", sagte er. Ich weiß gar nicht mehr genau, was ihn im Detail störte, jedenfalls entwickelte sich meine Herzfrequenz bei Belastung an entscheidenden Stellen in die falsche Richtung. Diagnose: eine Verstopfung im Herzen. „Am besten fahren Sie sofort zum Krankenhaus, damit wir das morgen näher untersuchen können", hörte ich den Arzt sagen. Da saß ich nun, fast 36 Jahre alt, Leistungssportler, Nichtraucher, mit einem kranken Herzen. „Jetzt hast du die gleiche Scheiße wie dein Vater", kam es sofort in mir hoch. Die Sache war gerade mal anderthalb Jahre her, natürlich musste ich als Erstes daran denken, wie es ihm damals ergangen war. Als er vor dem Spiel gegen die Bayern im Krankenhaus lag, hatte ich Angst um sein Leben. Musste ich jetzt Angst um mein eigenes haben? Es ging alles sehr schnell. Ich sollte um 16 Uhr in der Uniklinik sein. Sandra war mit einer Freundin in Aachen Shoppen gegangen, ich rief sie an und erklärte ihr so ruhig wie möglich die Situation. Wir trafen uns, begleiteten ihre Freundin zum Auto und fuhren dann zu zweit nach Hause, um meine Sachen einzupacken. Sandra wollte natürlich ganz genau wissen, wie der Stand der Dinge war und versuchte, mich zu beruhigen.

Beim Anblick des Klinikums fiel mir auf, dass ich noch nie in meinem Leben dort gewesen war. Ich fragte mich, ob dort Leute geheilt werden oder am Ende als Roboter wieder herauskommen. Das Aachener Klinikum sieht aus wie die Mischung aus einem riesigen Raumschiff und einer Bohrinsel. Außen laufen Rohre am Gebäude entlang, die wie eine Pipeline aussehen. Wer lässt sich so etwas einfallen, fragte ich mich. Und welche Gemeinde genehmigt so etwas? Wenigstens fand ich sofort die Abteilung, in die mich der Doc überwiesen hatte. Ich bezog mein Zimmer und beantwortete die Fragen eines jungen Arztes, der Standard-Ablauf vor solchen Untersuchungen. Als Sportler wird man irgendwann zum Hobby-Mediziner, so viel bekommen wir mit Ärzten und Physiotherapeuten zu tun. Normalerweise dreht sich alles um Syndesmoseband und Muskelfaserrisse.

Das hier war im Vergleich dazu deutlich ernster, hier wollten Ärzte sich mein Herz anschauen, weil offensichtlich etwas nicht richtig funktionierte. Der Gedanke beunruhigte mich, auch wenn ich froh war, dass nach meinen ganzen Beschwerden nun endlich die scheinbare Ursache gefunden war. Am nächsten Morgen bahnte sich eine dünne Nadel den Weg von meiner Leiste durch den Oberkörper bis zum Herzen. Was für ein Geburtstag! Ich werde 36 und bekomme eine Herzuntersuchung im Aachener Klinikum geschenkt. Vielen Dank auch. Es war also der 2. August 2005, als sich das Team im Klinikum mein Herz genauer anschaute. Die meisten der Ärzte und Schwestern hatten natürlich eine Beziehung zur Alemannia, alle waren wunderbar nett zu mir und bemühten sich sehr um mich. Der Chefarzt selbst ließ es sich nicht nehmen, die Untersuchung persönlich durchzuführen. Als er mir das Kontrastmittel spritzte, musste ich mich fast übergeben. Aber ich hatte schon zwölf Stunden nichts mehr gegessen, es war also nichts mehr zum Erbrechen da. Der Doktor suchte und suchte, nahm sich jeden Winkel meines Herzens zweimal vor. Keine Ablagerungen. Keine Verstopfungen. „Sie haben Arterien wie Autobahnen", sagte der Chefarzt. Er lobte meinen starken Herzmuskel und fand nicht das kleinste Anzeichen für irgendeine Schwäche oder gar Krankheit.

Ein Problem trat dann doch noch auf: Weil ich zu wenig Fett an dieser Stelle hatte, ließ sich das Loch an der Leiste nicht mehr schließen. Ein Pfleger musste eine Stunde lang mit der Hand die Wunde abdrücken, dann packten sie mich dick ein und ich musste acht Stunden regungslos auf dem Rücken liegen. War ich froh, als ich mich wieder bewegen durfte. Der Chefarzt besuchte mich am Nachmittag und belegte mir anhand des Herzfilms seine Diagnose vom Vormittag: alles in Ordnung bei Erik Meijer. Ich verließ das Krankenhaus also am nächsten Tag wieder. Die einzige Erklärung für meine plötzlichen Probleme lieferte mir meine Frau. Sie kramte das alte Medikament heraus, das ich im Trainingslager gegen die Entzündung im Knöchel genommen hatte. Fast alle auf dem Beipackzettel aufgelisteten Nebenwirkungen trafen auf meinen Fall zu: Herzrhythmusstörungen, Schweißausbrüche, verändertes EKG. Nach all den Untersuchungen blieb das als einzige mögliche Ursache übrig. Ich hätte lieber eine handfestere Diagnose gehabt, auch wenn ich natürlich froh um mein gesundes Herz war. Es blieb ein kleiner Rest Unsicherheit. Am 5. August suchte ich Dr. Düsseldorf ein letztes Mal auf. Er bekräftigte, dass er nach den umfassenden Checks mein Herz für kerngesund hielt. Ich konnte sofort wieder ins Training einsteigen.

Nicht nur bei Erik Meijer, sondern bei der ganzen Mannschaft lief es zu Beginn der Saison 2005/2006 nicht besonders rund. Der Rhythmus war gewinnen, verlieren, gewinnen, verlieren. Weder die Ergebnisse, noch die Leistungen waren überragend, es passte noch nicht so, wie wir uns das selbst vorstellten. Nach einigen Spielen auf der Bank rückte ich bald wieder in die Startelf, was ich völlig normal fand. Marius war noch nicht so weit und ich fühlte mich als Kapitän verantwortlich dafür, der Mannschaft in dieser Phase zu helfen. Mit Stephan Straub, Alex Klitzpera und mir fehlten zu Beginn der Spielzeit gleich drei langjährige Führungsspieler. Auch Moses Sichone verletzte sich gleich im ersten Spiel in Aue und fiel lange aus. Reiner Plaßhenrich war zu diesem Zeitpunkt der einzige „Häuptling" auf dem Feld, unsere Neuzugänge suchten ihren Platz und waren nicht so weit, Verantwortung zu übernehmen. In der Vorbereitung hatten wir gute Spiele gemacht, dennoch suchte der Trainer noch nach der richtigen Mischung. Wir waren bisher nicht an dem Punkt angelangt, wo jeder einen Schritt mehr für den anderen macht, um das Maximale fürs Team herauszuholen.

Beim Heimspiel gegen Saarbrücken am 4. Spieltag gab ich mein Comeback. Ich war angespannt, beim Einlaufen fragte ich mich, ob das kleine Kind an meiner Hand oder der alte Hase Erik Meijer nervöser war. Trotz des 4:0-Sieges hatte ich kein überschwänglich gutes Gefühl, es klemmte einfach noch zu sehr. Eine Woche später wurde meine Einschätzung bestätigt, die 1:5-Klatsche in Cottbus war ein deutliches Signal, auch wenn wir in der Schlussphase zwei absolut kuriose Glückstore hinnehmen mussten. Auf der Suche nach uns selbst gingen wir nach zehn Spieltagen mit der ernüchternden Bilanz von fünf Siegen und fünf Niederlagen ins Trainingslager nach Hoenderloo. Die Anlage dort liegt mitten im Wald, neben dem Haupthaus mit dem Hotel verteilen sich mehrere Appartementblocks über das Gelände, zu dem auch ein sehr idyllisch gelegener Trainingsplatz gehört.

Wenn wir morgens um 7 Uhr zu unserem ersten Lauf aufbrachen, lag der Morgennebel noch dicht über dem Boden. Beim Training um 10 Uhr war der Platz mit Reif bedeckt. In diesem Ambiente rückten wir näher zusammen. Viel näher. Die ganze Gruppe – alle Spieler, die Trainer und Jörg Schmadtke – setzte sich in einen Raum. Wir redeten Klartext. Was bedeutet Akzeptanz? Was ist mit Respekt gegenüber meinem Konkurrenten? Welche Haltung zeige ich nach außen, wenn ich mal nicht spiele? Wir drangen in knallharten Diskussionen zum

Kern der Sache vor. Der lag tatsächlich in der Mischung aus neuen, hungrigen Spielern und langjährigen Leistungsträgern, die am Anfang der Saison noch nicht recht in Form waren. Wie gehen diese Spieler miteinander um? Die „Alten“ forderten Respekt ein, die „Jungen“ pochten auf den Leistungsgedanken. Es ging zur Sache in unseren Gesprächen und das übertrug sich auf den Trainingsplatz. Jeden Nachmittag wurde Elf gegen Elf gespielt, immer unter Wettkampfbedingungen. Keine Partie hatte einen Sieger, alle endeten unentschieden. Es gab einige rote Karten, es wurde getreten, der Schiedsrichter – entweder Dirk Bremser, Christian Schmidt oder Jörg Jakobs – wurde beschimpft, kurzum: da war richtig Feuer drin. Mein Gefühl war, dass die Art des Umgangs untereinander von Stunde zu Stunde besser wurde. Außerdem konnte ich am letzten Tag den einen Fuß kaum noch vor den anderen setzen, so kaputt war ich. Im Bus zurück nach Aachen sagte ich zu Willi: „Ich glaube, das war sehr wichtig hier.“

Nach unserer Rückkehr bekamen wir im Heimspiel gegen Offenbach gleich wieder eins auf die Fresse. Mit der 0:1-Niederlage hatte niemand gerechnet, dennoch war die Stimmung in der Kabine eine andere.

Mit Willi im Fan-Shop

Es war das 500. Zweitligaspiel von Willi Landgraf. Willi hatte im Vorfeld alle Glückwünsche, Feiern und Aktionen vor dem Spiel abgelehnt. Er spürte, dass es eine wichtige Phase für den Verein war und stellte seine eigene historische Leistung, die meiner Meinung nach nie wieder jemand erreichen wird, hintan. So ist mein Willi, so einen Menschen gibt es nur einmal. Ich bin sehr froh, dass ich ihn kennen gelernt habe, es wäre traurig gewesen, wenn es anders gekommen wäre. Ich kann mich noch genau an den Moment erinnern, als ich zum ersten Mal die Kabine am Tivoli betrat und er mir mit seinen roten Bäckchen lang und ausführlich die Hand geschüttelt hat. „Da bist du ja endlich", sagte er. „Ich bin Williken." Das Eis war in diesem Moment sofort gebrochen, er musste nicht mehr viel sagen.

Willi trägt sein Herz auf der Zunge, ich glaube, er ist ein Mensch mit sehr wenigen Geheimnissen. Er drückt immer das aus, was er fühlt, er tut das, was er für richtig hält. Diese Art schätze ich ungemein und bewundere seine Leistung, fast 20 Jahre als Fußballprofi in der Zweiten Liga aktiv gewesen zu sein. Ich ziehe meinen Hut davor, wie hart er immer an sich gearbeitet hat. Wenn du gegen ihn spielst, denkst du oft: Jetzt bin ich an ihm vorbei – und plötzlich steht der Kleine wieder vor deiner Nase. Das ist eine Qualität, die heutzutage nicht mehr viele Spieler haben. Es würde der Jugend gut tun, ein bisschen mehr Willi in sich zu tragen, als die Tricks von Ronaldinho lernen zu wollen. Tricks kann man unter Umständen lernen, was Willi auszeichnet, bringt man von Natur aus mit. Deshalb ist er auch so extrem wichtig für das Leben in der Kabine. Er ist ungemein präsent, hat immer einen guten Spruch auf den Lippen.

Ich kann mich an die erste Saison erinnern, als wir im DFB-Pokal Runde für Runde schafften. Willi hatte immer eine spezielle Motivation, warum wir die nächste Prämie einfahren mussten. „Jungs, haut rein, ich hab neue Fliesen bestellt", sagte er einmal. Oder: „Männer, ich hab beim Media Markt den Ferrari unter den Kaffeemaschinen gesehen." Beim nächsten Mal waren es neue Türen für die Wohnung. Die Einrichtung der Landgraf-Wohnung in Bottrop ist also fast komplett aus den Pokal-Prämien der Alemannia bezahlt worden. Bei einem Auswärtsspiel in Oberhausen wollte ich mich dann persönlich davon überzeugen, ob der kleine Mann die Kohle auch gut angelegt hat. Wir sind aus dem Hotel nach Bottrop herübergefahren und Willi hat mir einen perfekten Latte Macchiato aus seiner Ferrari-Kaffeemaschine gezaubert. Vom Feinsten, er hatte nicht gelogen. Unser Zimmer war im Trainingslager immer das ordentlichste. Alles hatte seinen Platz, Schuhe, Trainingskleidung, Koffer. Ich hatte das so gelernt, denn in der Wohnung über unserer Metzgerei war nicht viel Platz für meine Eltern, meine beiden Schwestern und mich. Auch Willi ist so erzogen.

Dagegen sah es im Zimmer von Thomas Stehle und Kristian Nicht meistens so aus, als sei gerade eine Bombe explodiert oder Terroristen hätten den beiden einen Besuch abgestattet. Eine schöne Erinnerung an Willi ist auch mein Tor im Hinspiel gegen Hafnarfjördur. Die meisten hätten den Ball auf der rechten Seite aufgegeben. Willi sprintete hinterher und grätschte die Flanke in die Mitte. Vor Freude über mein Tor hätte er beinahe mit dem Schiedsrichter abgeklatscht. Das erzählt er heute noch jedem: „Hallo, ich bin Willi Landgraf und hätte beim UEFA-Cup beinahe mal mit dem Schiri abgeklatscht." All die Erlebnisse mit Willi und die Freude, die wir miteinander hatten, werde ich in meinem Leben nicht vergessen. Ich fand in ihm einen neuen Freund und deshalb tat es mir besonders weh, dass wir sein 500. Spiel gegen Offenbach verloren.

Dennoch gab es jetzt keine Zweifel mehr. Alle glaubten jetzt an das, was wir in Hoenderloo festgelegt hatten. Unsere Taktik hatte sich leicht geändert. Neben dem zentralen defensiven Mittelfeldspieler agierten jetzt zwei kreative Spieler, davor meistens Sascha Rösler und zwei Stürmer. Das passte. Der Sieg beim Testspiel in Leverkusen führte uns deutlich vor Augen, dass wir mit diesem System auch gegen eine solch ambitionierte Mannschaft gewinnen konnten.

Auf dem Weg in meine alte sportliche Heimat wurde ich schon ein wenig sentimental, als ich von der Autobahn aus die BayArena, die zu meiner Zeit noch Ulrich-Haberland-Stadion hieß, erblickte. Ich kann mich noch gut an das erste Gespräch mit Reiner Calmund erinnern, ich war noch in Uerdingen unter Vertrag. Damals boten sich mir drei Optionen: Leverkusen, Schalke oder Bremen. Durch das Bosman-Urteil war ich seit der Winterpause ablösefrei und konnte mir meinen zukünftigen Arbeitgeber aussuchen. Ich führte Gespräche mit Rudi Assauer, Willi Lemke und Reiner Calmund, drei Managern also, die im deutschen Fußball ein gewichtiges Wörtchen mitredeten. Ich sprach mit Friedhelm Funkel, meinem damaligen Trainer in Uerdingen. „Was würdest du machen?“ Er riet mir zu Leverkusen, weil dort etwas Neues aufgebaut würde. Zum Glück bewahrte Markus Münch die Leverkusener am letzten Spieltag vor dem Abstieg, sonst weiß ich nicht, wie meine Karriere verlaufen wäre. So erlebte ich drei sehr erfolgreiche Jahre bei Bayer.

Ich spielte mit Jens Nowotny, Carsten Ramelow, Hans-Peter Lehnhoff und den Kovac-Brüdern. Im Laufe der Zeit kamen auch einige Brasilianer vorbei: Zé Elias, Zé Roberto, Emerson, Paolo Rink und Paolo Sergio. Mit einem Mann verbrachte ich die meiste Zeit: mit Ulf Kirsten, dem Schwatten. In meiner gesamten Karriere ist er der Stürmer, den ich am besten im Strafraum fand. Ich kenne keinen Stürmer, der im Sechzehner so stark ist wie Ulf Kirsten. Mehr auf den ersten Pfosten gehen ist nicht möglich, und jedes Mal hat er den Ball irgendwie mit Kopf oder Fuß reingemacht. Ulf war einfach geil auf Tore. Ab und zu hatte ich das Gefühl, auch nicht schlecht postiert gewesen zu sein und wartete auf den Querpass, aber Ulf wollte die Dinger einfach selbst machen. Und das klappte ja auch meistens, denn so oft bekommt man nicht umsonst die Torjägerkanone. Die Harmonie zwischen uns stimmte, wir hatten viel Respekt voreinander. Christoph Daum verstand es sehr gut, unsere Qualitäten zu ergänzen.

Wir setzten sein Konzept von aggressivem Pressing um und arbeiteten hart dafür. Die Krönung blieb uns leider verwehrt: der Meistertitel. Zweimal Zweiter, einmal Dritter, Champions League, UEFA-Cup – ich habe in Leverkusen viel erlebt. Wir machten in dieser Zeit aus einem Theaterpublikum ein Fußballpublikum, das auch in kritischen Momenten zu dir hält. Das kleine Schmuckkästchen ist ab und zu auch mal explodiert, das hatte schon Charme. So wurde der Test mit der Alemannia zu einem kleinen Ausflug in die Vergangenheit, mit Ulf Kirsten und Rüdiger Vollborn stand ich nach dem Spiel noch lange zusammen und unterhielt mich über die guten alten Zeiten.

Generell absolvierten wir viele Testspiele. Ich halte es für einen Fehler im deutschen Profisystem, dass man keine Möglichkeit hat zu spielen, wenn man in der ersten Mannschaft, aus welchen Gründen auch immer, nicht zum Zuge kommt. Ein gutes Beispiel war Ivan Petrovic. Gehörte er nicht zum Kader der ersten Mannschaft, konnte er nie spielen, weil er als Serbe keine Spielgenehmigung für die Amateur-Mannschaft besaß. Das ist Schwachsinn. In den Niederlanden gibt es eine Reserveliga, jeden Montagabend spielen die zweiten Mannschaften gegeneinander. So sammeln formschwache Spieler oder solche, die sich nach Verletzungen wieder herankämpfen, Spielpraxis. In England gibt es eine solche Liga, in Belgien, in den Niederlanden, warum nicht in Deutschland? Ich halte das für einen Nachteil. Genauso finde ich es unglaublich, dass es nicht möglich ist, dass die gesamte Liga mit einem einheitlichen Ball spielt. Vor jedem Auswärtsspiel besorgen wir uns einige Modelle des Balls, den unser kommender Gegner spielt, um uns daran zu gewöhnen. In England spielte jede Liga mit einem eigenen Ball. Dieser offizielle Spielball wurde dann vermarktet, das müsste doch auch in Deutschland möglich sein.

Beim Pokalspiel gegen Hannover 96 war mein Arbeitstag nach 45 Minuten beendet. Ich war so richtig schlecht an dem Abend. Jeder Ball versprang, ich hatte überhaupt keine Kraft im Körper. An dem Tag hätte ich den Trainer am besten mittags angerufen und ihm gesagt, dass ich zu Hause im Bett bleibe. Ebbe kam für mich ins Spiel und machte sein Tor, und er verdiente es, auch in den kommenden Partien in der Startelf zu stehen. Am Tag vor dem Spitzenspiel in Bochum meldete sich Marius mit einer Magen-Darm-Grippe ab, so kam unverhofft wieder meine Chance. Bochum war Tabellenführer, wir befanden uns im Aufwind und rückten immer näher.

»Unser erster Angriff. Jan Schlaudraff hat den Ball auf der rechten Seite und zieht Drsek aus dem Zentrum. Ich löse mich vom Gegenspieler und schon kommt Jans Flanke vors Tor gesegelt. Rechter Fuß, Aufsetzer, 1:0 für Aachen.«

Es war ein Start nach Maß für uns, wir gaben den Bochumern schon nach einer Minute etwas zu knabbern. Nach einer Viertelstunde das 2:0. Laurentiu Reghecampf machte ein Traumtor, lupfte den Ball total cool über den Torwart. Wir spielten Bochum richtig an die Wand an diesem Abend, sie hatten in ihrem eigenen Stadion absolut nichts zu melden. Wir gewannen dort mit Traumfußball und Traumtoren 4:1. Ich war es bei der Alemannia gewohnt, dass wir eine gute Rolle spielten, gegen die Mitkonkurrenten aber nie etwas holten. Bochum brachte die Trendwende. Wir überzeugten und gewannen dort. „Wenn wir jetzt auch noch anfangen, solche Spiele zu gewinnen, dann sind wir auf einem guten Weg“, dachte ich. Mein Eindruck verfestigte sich in den nächsten Ligaspielen. Wir waren bei weitem nicht immer souverän, aber wir punkteten auch in den engen Begegnungen. Paderborn ist so ein Beispiel, das war fifty-fifty, eine verdammt enge Kiste. Aber wir behielten mit 2:1 die Oberhand.

Irgendwann in dieser Zeit erhielt ich während einer Geburtstagsfeier einen Anruf. Es meldete sich Erwin Koeman. Ich verließ den Raum, um in Ruhe mit ihm sprechen zu können. Erwin erklärte mir sein Anliegen: Er wollte mich in der Winterpause zu Feyenoord Rotterdam holen. Mich überraschte die Anfrage, auch wenn ich das Angebot in meiner selbstbewussten Art gut nachvollziehen konnte. „Klar“, dachte ich, „solche Typen wie mich findet man nicht mehr so oft.“ Erwin suchte nach einem erfahrenen Stürmer, den er in bestimmten Situationen von der Bank bringen konnte.

Ich bat ihn um eine Woche Bedenkzeit und berichtete Sandra von dem Anruf. „Mir macht das nichts aus“, sagte sie. „Dann nimmst du dir in Rotterdam ein Appartement und ich schaue mir die Stadt mal genauer an.“ Sandra ist in solchen Sachen völlig unkompliziert. Sie hat mir zu jedem Zeitpunkt meiner Karriere freie Hand gelassen, wohin ich gehe.
Sandra hat mir von Anfang an versichert, dass sie überall mit mir hingehen würde. Ein weiterer Beweis dafür, was ich für eine tolle Frau habe. Ich dachte gründlich über das Angebot nach und kam zu dem Schluss, dass ich nach zweieinhalb Jahren bei Alemannia mein Ziel noch nicht erreicht hatte. Im Sommer hatte der Trainer bereits mit einem anderen Verein geflirtet, dann aber erklärt, seine Mission in Aachen sei noch nicht beendet.

Auch ich kam zu dem Schluss, dass mein Job noch nicht erledigt war. Ich rief Erwin Koeman an und sagte ab. „Ich habe hier meinen Platz gefunden. Außerdem höre ich im nächsten Sommer auf“, erklärte ich ihm. Zum Glück habe ich diese Entscheidung damals getroffen, sonst hätte ich vieles verpasst.

In Siegen nahmen wir zwar nur einen Punkt mit, lieferten aber bei schwierigen Verhältnissen eine starke Leistung ab. Als wir kurze Zeit später auch noch bei unserem Mitkonkurrenten SC Freiburg mit 2:0 gewannen und diesen Bundesliga-Absteiger über die komplette Distanz dominierten, wuchs das Selbstvertrauen der Mannschaft noch weiter. Es war eine logische Konsequenz, dass wir zum Abschluss der Hinrunde auch das Heimspiel gegen Burghausen mit 2:0 gewannen.

Nach 17 Spieltagen stand Alemannia Aachen zum ersten Mal an der Tabellenspitze, wir waren Herbstmeister. Der Titel bedeutet einerseits gar nichts, andererseits gab er uns die Gewissheit, auf dem richtigen Weg zu sein. Wer als Ziel den Aufstieg ausgibt und zur Halbzeit auf dem ersten Tabellenplatz steht, der kann nicht allzu viel falsch gemacht haben.

REKORDLAKTAT UND HARTES TRAINING

Vor der Fahrt in den Urlaub ließ mich der Trainer wissen, dass uns eine harte Vorbereitung erwartete. „Vielleicht haben wir dadurch in den ersten zwei, drei Spielen ein paar Probleme", erklärte er mir. Dennoch erhofften sich unsere Coaches durch die verschärfte Arbeit im Winter eine bessere Rückrunde, als sie die Alemannia in den vergangenen Jahren jeweils erlebt hatte. Ein Journalist konfrontierte unseren Trainer in diesem Winter mit dem Spruch: „Wenn die Bäume ausschlagen, gewinnt die Alemannia kein Spiel mehr." Dieter Hecking antwortete: „Dann brauchen wir einen langen, kalten Winter."

Er war also nicht nur ein guter Trainer, sondern auch noch Hellseher mit Einflussmöglichkeiten auf das Wetter. Wie gewohnt, verbrachte ich ein paar Tage in Zermatt, wo der Koch scheinbar eine besondere Zutat in mein Essen gemischt hat. Oder der Rotwein war aus einem besseren Jahrgang. Jedenfalls schraubte sich mein Laktatwert am ersten Trainingstag auf den Schwindel erregenden Wert von 4,13 – ohne dass ich irgendetwas anders gemacht hatte als sonst.

Konsequenz daraus war, dass ich im Trainingslager in Portugal plötzlich mit den Idioten ganz vorne laufen musste. Für Härtefälle wie den Kollegen Reiner Plaßhenrich ist so ein Trainingslager, bei dem man täglich zweimal kilometerweit durch die Dünen rennt, wie ein Sonntagsspaziergang. Aber mir bereitete die Woche im Praia del Rey echte Schmerzen.
Die Strandläufe waren extrem lang, bei jedem einzelnen Meter habe ich den Trainer gehasst. Für die älteren Spieler gab es überhaupt kein Pardon, wir mussten jede einzelne Einheit absolvieren wie jeder andere auch. Ich hatte nur ein Ziel: niemanden merken zu lassen, wie sehr ich am Limit war.

Oder besser: über dem Limit. Ich war völlig kaputt, ausgelaugt, die Muskeln schmerzten jeden Abend noch mehr als tags zuvor. Die Tage glichen sich wie ein Ei dem anderen. Um 7 Uhr früh begab sich die Laufgruppe Alemannia für 45 Minuten zum Wachwerden an den Strand. Allerdings wurden diese Läufe immer härter, denn uns wurde Stück für Stück der Strand geklaut. Zunächst liefen wir auf einem festen Sandstück breit wie eine Autobahn. Doch es wurde immer stürmischer, das Meer rückte immer näher und unser Laufweg schrumpfte auf Bürgersteigbreite.

Nach ein paar Tagen war nur noch ein schmaler Streifen übrig, der zu allem Überfluss so durchweicht war, dass man bei jedem Schritt bis zum Knöchel im Sand versank. Wenn man sich eine Dreiviertelstunde durch solches Gelände quält, weiß man, was man getan hat. Und wenn das die erste Einheit vor dem Frühstück ist und man weiß, dass da noch zwei weitere kommen, kann sich jeder die Gefühlslage von uns Spielern vorstellen. Um 10.30 Uhr trainierten wir auf dem Platz in der Nähe des Hotels, am Nachmittag waren wieder die Laufschuhe gefragt, um die Natur rund um das Hotel zu erkunden. Nach dem Mittagessen gingen die Lichter im Zimmer 343 Landgraf/Meijer sehr schnell aus und beide Bewohner schliefen tief und fest, um den kleinen Ausflug am Nachmittag zu überstehen. Jeden Tag um 16 Uhr ging es, unter Anleitung unseres Sportwissenschaftlers, Dr. Jörg Jakobs, mit Brustgurten und Pulsuhren bewaffnet, auf Tour. Die Hölle. Am Ende dieser 60 Minuten wusste ich oft nicht, ob ich vorwärts oder rückwärts lief, alle Bewegungen spielten sich nur noch in Trance ab. Nach 18 Profijahren und unzähligen Trainingslagern steht mir die Einschätzung zu, dass wir in Portugal ein knallhartes Programm absolvierten, das zumindest bei mir deutliche Wirkung zeigte.

Backgammon-Turnier im Trainingslager Praya del Rey

Wer zwischen Training und Mahlzeiten nicht schlief, spielte Backgammon. Ich kenne keinen anderen Verein, in dem dieses Spiel überhaupt gespielt wird. In Aachen gehört es zum festen Tagesablauf. Nach dem Training setzt man sich auf ein Spielchen zusammen, im Bus auf dem Weg zum Auswärtsspiel oder in der Mittagspause. Das Trio Eric van der Luer, Kalla Pflipsen und Ivo Grlic hat mir die Regeln einst im Magellan erklärt, einem Aachener Café. Dort saßen wir früher oft in der Mittagspause gemeinsam mit einigen türkischen Männern auf der Terrasse, die auch ständig Backgammon spielten. Irgendwann verlagerten wir unser Stammlokal ins Reuter's House, wo seitdem stets ein Brett für uns bereitliegt. Costa, der griechische Besitzer des Restaurants, steht außerdem immer für eine schnelle Partie nach dem Essen zur Verfügung. Höchstens eine Hand voll Spieler sind der Sucht nach dem Spiel mit den kleinen weißen und schwarzen Steinen nicht verfallen, der Rest von uns spielt es leidenschaftlich gerne. Sogar unser Trainerteam setzt sich nach dem Training oder zwischen zwei Saunagängen regelmäßig zu einem Spiel zusammen. Am Anfang war Dirk Bremser dem Coach um Längen voraus, inzwischen ist Dieter Hecking zu einem ernst zu nehmenden Gegner geworden. Wie wir alle schimpft er wie ein Rohrspatz, wenn die Würfel einmal nicht so fallen wie gewünscht oder wenn Dirk Bremser mit einem guten Wurf das Spiel noch umdreht. Zur Ablenkung vom harten Trainingsalltag organisierte ich in Portugal die Praya del Rey-Open. Auf dem Hotelflur wurde das offizielle Spielfeld eingerichtet, eine riesige Tapetenrolle an der Wand wurde zur Anzeigetafel. Die simple Idee zu diesem Turnier sorgte dafür, dass wir auch unsere Freizeit gemeinsam verbrachten, uns gegenseitig anfeuerten und die Spiele der anderen verfolgten. Unser kleiner Backgammon-Tisch vor dem Zimmer von Jan Schlaudraff und Sascha Rösler wurde zum Treffpunkt, an dem immer etwas los war. Ganz nebenbei lief das Turnier außerordentlich gut für mich, im Finale „Jung gegen Alt" besiegte ich Jan Schlaudraff und gewann mein eigenes Turnier.

Überraschung, Überraschung: Zum ersten Mal in meiner Aachener Zeit gewannen wir nach der Winterpause ein Spiel. Das gab Ruhe, das gab Vertrauen. Uns war bewusst, dass nach dem anstrengenden Training die Frische möglicherweise noch nicht wieder in unsere Körper zurückgekehrt war. Dennoch schlugen wir Aue souverän mit 3:1. Der Konkurrenz ließen wir damit ein klares Signal zukommen: Freunde, mit Alemannia ist in diesem Jahr auch in der Rückrunde zu rechnen. Diese Gewissheit wuchs auch innerhalb der Mannschaft immer weiter, schließlich hatten wir seit Oktober kein Spiel mehr verloren und führten die Tabelle weiter an. Auch wenn unser Trainer sich einen langen, kalten Winter gewünscht hatte, ist Fußball meiner Meinung nach kein Wintersport. Das heißt nicht, dass wir den Laden von November bis März zumachen sollten.

Vielmehr ist meine Einstellung, dass jeder Verein in der Lage sein sollte, ein Spiel immer stattfinden zu lassen. Um es auf den Punkt zu bringen: Jeder Verein sollte eine Rasenheizung haben. Wer keine hat, erhält keine Lizenz. Speziell in dieser Saison gab es da in der Zweiten Liga ein paar Negativbeispiele. Dresden und Siegen hingen einige Spieltage hinterher, die Begegnungen dort drohten eigentlich an jedem Spieltag im Winter auszufallen. Das ist für niemanden ein erträglicher Zustand. Weder für die Heimmannschaft noch für das Gästeteam und erst recht nicht für die Zuschauer. Und das Fernsehen spricht ja heutzutage auch immer ein Wörtchen mit. Ich kann nicht nachvollziehen, dass die Liga ihre Vorschriften in diesem Punkt nicht schon längst verschärft hat. Ich glaube, ich werde mit meinen

Ideen demnächst mal bei DFL und DFB vorstellig. Das kleine Alemannia Aachen jedenfalls hat schon lange eine Rasenheizung und verfügt über eine fast perfekte Spielfläche, die selbst im tiefsten Winter immer einwandfrei bespielbar ist. Wenn wir das mit unserem kleinen Etat schaffen, können andere Vereine das auch. Ich kann jedem anderen Verein nur dazu raten, diese Investition ebenfalls zu tätigen, denn es lohnt sich. Die Zuschauer wollen schließlich ein Fußballspiel sehen und keine Zufallsproduktion auf vereistem Boden. Schlittschuh-Fußball auf der Eisbahn ist nichts für unsere Mannschaft, aber so ein Spiel erwartete uns leider in Karlsruhe. Der KSC war auf die Verhältnisse deutlich besser eingestellt als wir, das muss man anerkennen. Insgeheim hatten wir gehofft, dass die Partie verlegt wird, was nicht der Fall war.

So stand die Frage im Mittelpunkt, wo der Ball als Nächstes hinspringt. Russisches Roulette, wenn ihr mich fragt. Wobei man festhalten muss, dass Karlsruhe an diesem Abend das bessere Team war und verdient gewann. „Welche Reaktion kommt jetzt?", fragte ich mich, als wir nach verdammt langer Zeit mal wieder als Verlierer den Platz verließen. Es kam gar keine Reaktion. Wir zweifelten nicht, sondern machten einfach weiter. Dabei stand auch das Heimspiel gegen Unterhaching auf der Kippe. Wir verwandelten den Elfmeter, die vergaben ihn. Wir gewannen, Haching verlor. So einfach lässt sich bisweilen der Unterschied zwischen zwei Mannschaften erklären. Zwei Heimsiege, sechs Punkte nach der Winterpause. Auf eine solche Ausbeute mussten wir im Vorjahr bis Ende März warten.

Die Eisbahn von Saarbrücken wurde uns durch den Spielausfall glücklicherweise erspart, sodass ich am Samstagabend in aller Ruhe einer Einladung zur Verleihung des „Ordens wider den tierischen Ernst" folgen konnte. Das ist ein karnevalistischer Preis, der einmal jährlich an eine Persönlichkeit, oft einen Politiker, verliehen wird, der im Alltag durch einigermaßen humorvolles Auftreten auffällig geworden ist. Neben dem CHIO, also dem Reitturnier, und dem Karlspreis ist die Ordensverleihung eines der größten gesellschaftlichen Ereignisse in der Stadt. Aachen ist eigentlich eine ganz normale, wenn auch sehr schöne und lebenswerte, 250.000-Einwohner-Stadt. Besonders in den vergangenen Jahren ist die Bekanntheit der Alemannia-Profis in der Bevölkerung deutlich angewachsen. Dennoch begegneten die Leute uns meistens freundlich und selten aufdringlich. Mit wachsender Popularität wurden wir Spieler mehr und mehr auch zu solchen Veranstaltungen eingeladen. In Hamburg war das an der Tagesordnung, da hatten Sandra und ich Karten für jede Theater- oder Musical-Premiere. Wir mussten uns zunächst über den Dresscode informieren, fehlte uns doch jegliche Erfahrung mit der Ordensverleihung. Wir fanden heraus, dass es sich um eine durchaus festliche Veranstaltung handelte. Wenn die Aachener etwas feiern, dann tun sie es richtig. Beim CHIO holen die Damen die teuren Hüte aus dem Schrank, und wenn die deutsche Prominenz sich zum „Orden wider den tierischen Ernst“ ansagt, holt Papa den guten Anzug aus dem Schrank.

Also ging ich im Smoking und Sandra im Abendkleid. Ich mag es, mich gut zu kleiden, wenn die Gelegenheit sich bietet. Natürlich laufe ich nicht rum wie die 18-Jährigen heutzutage, die ihre Hosen meist auf den Knien tragen. Ich stehe auch nicht vor meinem Schrank und denke: Du musst heute etwas Spezielles anziehen, weil ein bestimmter Termin anliegt. Ich trage das, was ich für angemessen halte und worin ich mich wohl fühle. Natürlich beeinflusst Sandra meine Garderobe. Über die Jahre sind wir zu einem sportlich-eleganten Stil gekommen, den ich meistens trage. Wir gehen zusammen einkaufen, meist in Maastricht, Lüttich oder Aachen. Ich bin mehr der schnelle Käufer. Ich sehe etwas, probiere es an und nehme es mit. Bei Frauen muss man mehr Geduld haben, da ist Sandra keine Ausnahme. Wieso sollte es mir besser gehen als anderen Männern? Aber ich habe auch nichts gegen lange Shoppingtouren.

Wenn wir nach Lüttich fahren, machen wir uns meistens frühmorgens auf den Weg und frühstücken bei Pain Quotidien, ehe wir uns in die Geschäfte stürzen. In Aachen führt der Weg natürlich meistens ins Geschäft unseres Stadionsprechers Robert Moonen, in dem viele Spieler einkaufen. Da muss man halt immer aufpassen, dass man in der nächsten Woche keinen Kollegen in der gleichen Hose oder den gleichen Schuhen sieht. Robert ist nicht nur ein begnadeter Modekenner, sondern kennt auch jeden Aachener persönlich. Irgendjemand braucht irgendetwas? Ruf Robert Moonen an, das ist besser als die Auskunft. Er ist einfach aus dem richtigen Holz geschnitzt und sagt jedem ehrlich, wenn etwas nicht gut gelaufen ist. Einige

Spieler haben Robert sehr viel zu verdanken, weil er ihnen nicht nur tolle Klamotten verkauft, sondern in vielen Lebenslagen als Ratgeber fungiert und erklärt, wie die Leute in Aachen ticken und wie die Dinge ablaufen. Auch unsere Trainer gehen ab und zu mit ihm essen. Und ich meine, beobachtet zu haben, dass Dieter Hecking in letzter Zeit auch in Modefragen auf Robert hört – jedenfalls sind mir da ein paar Sakkos und Hemden aufgefallen, die unseren Coach stilmäßig weit nach vorne bringen. Als Stadionsprecher ist Robert eine Kultfigur, er macht den Job schließlich seit über 30 Jahren ehrenamtlich. In Liverpool fielen die Ansagen immer völlig nüchtern aus, dagegen sind die Durchsagen im Kaufhaus echte Stimmungsmache. In Hamburg dagegen zieht Lotto King Karl seine eigene Show ab und entertaint das Publikum. Robert liegt mit seiner etwas sachlicheren Art in der Mitte und passt mit seinen trockenen Sprüchen genau zum Tivoli und dem Aachener Publikum.

Kurz vor dem Eingang zur Ordensverleihung nahm mich ein Mann beiseite. Ob ich mir nicht vorstellen könne, am Programm mitzuwirken, fragte er. Es gab scheinbar einen Act, der sich mit Alemannia Aachen beschäftigte, wie das in den vergangenen Jahren häufiger der Fall war, weil wir etwas geleistet hatten. Ich sagte zu und marschierte gleich zu Anfang des Programms, das jedes Jahr live im Ersten übertragen wird, auf die Bühne. Die Leute waren sichtlich überrascht, mich zu sehen, hatten aber ihren Spaß. Ich mag den Karneval und bin auch den Rest des Jahres für jeden Gag zu haben, also feiere ich diese fünfte Jahreszeit immer. Sandra ist nicht so sehr dafür zu begeistern, sie mag es nicht, wenn Menschen betrunken sind und ein wenig die Kontrolle verlieren. Ich komme damit gut klar und schlage mich schon durch. Es wurde ein gelungener Abend, ich lernte Prinz Boris kennen, der noch ein Stück größer ist als ich, und verließ den Saal mit diversen Orden unterschiedlicher Aachener Karnevalsgesellschaften um den Hals. Wir sparten uns die Heimfahrt und verbrachten die Nacht im Quellenhof.

Spielausfall in Saarbrücken, die nächste Aufgabe erst am übernächsten Montag gegen Cottbus – da reagierten wir als Mannschaft sehr flexibel und haben gleich einen Mannschaftsabend eingebaut. Cartfahren in Eupen, anschließend ein gutes Essen im Sausalitos, einem Restaurant direkt am Aachener Markt. Der Trainer verlängerte unser

Wochenende und nahm damit den Druck ein wenig raus. Ohne das Wissen, dass die nächste Partie direkt vor der Tür steht, konnten die Jungs auch mal ein wenig feiern und ein Glas trinken. Solche Abende sind unglaublich wichtig für den Zusammenhalt und gehören in Aachen richtigerweise dazu. Denn der Verein lebt von der Geschlossenheit der Mannschaft. Je höher es geht, je größer der Klub wird, desto schwieriger ist es, die Kameradschaft zu erhalten. Es geht einfach um mehr: mehr Geld, mehr Ansehen, mehr Konkurrenz. Ich bin zeit meiner Karriere immer offen und ehrlich mit Konkurrenzsituationen umgegangen. Wie gut bin ich, wie gut ist der andere? Jemandem ein Messer in den Rücken zu stecken, war nicht mein Ding. Ich versuchte immer, den Trainer davon zu überzeugen, dass ich besser bin als mein Konkurrent.

Der Trainer hat die Entscheidung und er wird dabei auch das Verhalten des Einzelnen in diesem Kampf um die Plätze berücksichtigen. Dabei spielt dein individuelles Auftreten natürlich eine Rolle. Ich habe ein sehr hohes Selbstvertrauen, bin immer zu 100 Prozent davon überzeugt, was ich tue. Wenn ich etwas tue, dann bin ich sicher, es gut zu machen. Das mag vielleicht manchem arrogant vorkommen, aber für mich ist Arroganz, wenn hinter der äußeren Hülle nichts mehr kommt. Ohne ein solch selbstbewusstes Auftreten schafft es niemand in der Bundesliga, dann geht man unter. So viel kann ich den Alemannen für die Saison in der Ersten Bundesliga mit auf den Weg geben: immer die Brust raus! Signalisiert den Gegnern: Was wollt ihr denn? Wir sind mindestens genauso gut. Wir haben nur etwas weniger Erfahrung.

Erfahrungen muss man erst machen, aber Selbstvertrauen kann man sich erarbeiten. Je mehr Selbstbewusstsein einzelne Spieler zusammen haben, desto schwieriger wird die Mannschaft zu bezwingen sein. Diese Erfahrung machten wir im Aufstiegsjahr in den folgenden Spielen. Wir glaubten an uns und gingen den Weg konsequent weiter. Und wir lernten, zu null zu spielen. In dieser Periode kassierten wir unglaublich wenige Gegentore. Cottbus 0:0, in Ordnung, gegen die hatten wir immer unsere Probleme. In Ahlen 2:0, sehr mühsam, guter Torwart, aber gewonnen. Das sah einfach besser aus als in den vergangenen Jahren nach der Winterpause. Und wir wussten, dass unser Training in Portugal darauf ausgelegt war, dass wir im

März und April den Höhepunkt unserer Formkurve erreichten. Bei Marius Ebbers war das deutlich spürbar, er kam immer besser in Tritt. Ich agierte von der Bank aus, was überhaupt kein Problem war.

In Fürth erwartete uns wieder ein Winterspiel. Sascha Rösler stand im Vorfeld in engem Kontakt mit seinen ehemaligen Kollegen, die von Schnee und Eis berichteten. Dennoch reisten wir an, erfuhren aber nach dem Training am Sonntagmorgen wenige Stunden vor dem Anpfiff von der Spielabsage. Neuer Termin: Dienstagabend. Wir saßen zusammen und überlegten. Die Strecke Fürth – Aachen bedeutete eine sechsstündige Busfahrt. Sonntags zurück, am Montag wieder sechs Stunden anreisen, um am Dienstag nach dem Spiel wieder nach Aachen aufzubrechen? Und das, wo niemand wusste, ob am Dienstag überhaupt gespielt werden konnte? Die Entscheidung war schnell gefallen, wir blieben. Unser Busfahrer Albert brachte uns im Mannschaftsbus nach Nürnberg, wo wir in unseren schicken Trainingsanzügen ins Kino gingen. Wir lachten uns über den Film und über Stephan Straub kaputt, der einen Literbecher Cola und einen riesigen Eimer Popcorn ins Kino schleppte, fast wie ein Amerikaner. Wir beschäftigten uns mehr schlecht als recht, absolvierten leichtes Lauftraining und mussten am Montag sogar noch das Hotel wechseln. Natürlich war niemand auf vier Tage im Frankenland vorbereitet, also machte ich mich mit Erwin Koen auf einen Einkaufsbummel, um frische Wäsche zu besorgen.

Zum Glück fanden wir einen Laden, der pünktlich zur WM Unterhosen in den Farben von Argentinien, Brasilien und Deutschland anbot. Ich entschied mich für einen Zweierpack blau-weiße, auf dem Po stand in riesigen Buchstaben „Argentina". Am Dienstag waren die Bedingungen nicht entscheidend anders als zwei Tage zuvor. Schade, dass sich zwei sehr gut spielende Mannschaften auf einem solchen Acker begegneten. Besonders in den zweiten 45 Minuten war der Boden knallhart gefroren, weil es auch in Fürth keine Rasenheizung gibt. Wieder spielten wir zu null und ließen nichts anbrennen. Unser Trainer hat später gesagt, er habe nach diesem Spiel gewusst, dass wir den Aufstieg schaffen würden. So weit war ich noch nicht. Fakt ist, dass wir in Fürth sehr professionell auftraten nach zwei verlorenen Tagen im Hotel. Zumindest werden mich die argentinischen Unterhosen immer an die Auswärtstour nach Fürth erinnern.

Alles lief gut, dennoch suchte ich das Gespräch mit dem Trainer. Mein Reservistendasein akzeptierte ich ohne Einwände, dennoch wollte ich mehr Einsatzzeit als nur zwei oder drei Minuten pro Spiel. Ich fühlte mich zu groß, um nur das Wechselkontingent aufzufüllen. Das hört sich arrogant an, war aber so. Gegen Dresden schickte Dieter Hecking mich schon nach rund einer Stunde aufs Feld, weil das Spiel nicht richtig lief. Moses Sichone bewahrte uns kurz nach der Pause vor dem Rückstand, als er einen Schuss mit unglaublichem Einsatz von der Linie kratzte. Moses war präsent in der Verteidigung und unterhielt das Publikum mit seinen Dribblings, die er mit 56 Haken über das komplette Spielfeld vollzog. Als Person hatte er eine Entwicklung vollzogen, er stellte etwas dar. Die Mitspieler um ihn wussten, dass sie Moses vertrauen können. Und das Aachener Publikum würdigte seine starken Leistungen mit lauten „Sichone"-Gesängen, was sicher auch zu seinem Wachstum als Spieler und als Mensch beitrug.

Ich bin gerade auf dem Feld, gehe auf rechts durch. Im Augenwinkel sehe ich, dass Reiner Plaßhenrich mitgelaufen ist und lege den Ball zurück. Reiner legt quer auf Ebbe und der köpft ihn rein.

Damit brachen wir das Spiel auf. Kurz vor Schluss köpfte ich selbst noch den 2:0-Endstand. Dieses Spiel gab mir selbst und auch dem Trainer das Gefühl, dass man auf Erik Meijer immer noch bauen konnte. Hecking sollte wie damals Kurt Jara beim HSV die Gewissheit haben, dass er einen Stürmer auf der Bank hat, der immer noch brennt und etwas bewegen will, auch wenn er nicht mehr zur ersten Elf gehört. Mir selbst hatte ich bewiesen, dass der Alte immer noch sehr wichtig war. Mittlerweile nahte der Monat März, oder besser: die Ebbers-Time. So viel goldene Nase kann man sich eigentlich nicht mal erträumen als Stürmer, Ebbe stand wirklich immer am richtigen Fleck. Ein halbes Jahr lang sah man nicht viel von ihm, aber er drängte sich auch nie nach vorne. Zwischendurch dachte ich einmal, er hätte schon aufgegeben, mir Konkurrenz zu machen. Schließlich führte er einige Gespräche mit dem Trainer und auch wir unterhielten uns. „Du musst an mir vorbei. Warte nicht darauf, dass ich beiseite trete, sondern mach selbst einen Schritt nach vorne“, sagte ich ihm. Plötzlich war er da und nutzte seine Chance. Spritzig, präsent, gutes Spielverständnis, besonders mit Jan Schlaudraff – da stand plötzlich ein anderer Marius Ebbers auf dem Platz, wovon die Mannschaft ungemein profitierte. Die Krönung seiner Entwicklung war die Begegnung in Offenbach. Wir waren überlegen, spielten seit der 25. Minute in Überzahl und führten durch Marius mit 1:0. Irgendwelche Gründe, ich weiß bis heute nicht, was da passierte, ließen uns 1:2 in Rückstand geraten. Trotzdem hatte ich zu keiner Sekunde die Befürchtung, wir würden als Verlierer das Feld verlassen. Und Mr. Ebbers hatte da noch ein paar Ideen. Mit Unterstützung von Erwin Koen, der als Einwechselspieler überragende Aktionen hatte und zwei Treffer vorbereitete, drehte Marius mit einem Hattrick die Partie zu unseren Gunsten. Vier Tore in 90 Minuten sind in der Kreisliga schon eine Runde Bier wert, im Profifußball ist ein solches Ereignis höchstselten zu bewundern. Also trugen wir Marius auf Schultern in Richtung unserer Fankurve, was dem armen Kerl richtig peinlich war. Aber Ehre, wem Ehre gebührt. Das war sein Spiel und er sollte es auch in vollen Zügen genießen.

Seit einiger Zeit lief ich mit dem unangenehmen Gefühl herum, dass mein Ohr verstopft war. Also ließ ich es beim Arzt ausspritzen. Leider blieb ein unangenehmer Piepton zurück. Auch homöopathische Mittel halfen nichts, es blieb alles beim Alten. Als letzte Behandlungsmethode blieben Cortison-Infusionen. Unser Internist, Dr. Alexander Mauckner, meldete die Behandlung bei der NADA, der Nationalen Anti-Doping-Agentur, an. Also saß ich jeden Morgen mit weiteren Patienten beim Hals-Nasen-Ohren-Arzt im Wartezimmer und hing am Tropf. Die Nacht vor dem Spiel in Saarbrücken war die schlimmste in der langen Beziehung zwischen Willi und mir. Das Hotel hatte uns ohnehin schon in der Besenkammer untergebracht, so klein war das Zimmer. Beinahe wäre es nachts zur Trennung gekommen. Ich war kurz davor, Willi mitsamt seiner Matratze auf den Flur zu legen, weil er schnarchte wie ein Idiot. Zu allem Überfluss steckte ich beim Training am Morgen einige Beinschüsse ein, was immer den Spott des gesamten Kaders hervorruft. Die Krönung folgte aber noch. „Du kannst nicht spielen, die NADA hat deine Behandlung nicht akzeptiert. Du giltst als gedopt", sagte der Trainer auf dem Weg vom Trainingsplatz zum Mannschaftsbus.

Ich war stocksauer und wollte jedem auf die Fresse hauen, der mir unterwegs begegnete, aber das sollte ein erwachsener Mann von 36 Jahren besser lassen. Im Hotel rief ich Dr. Mauckner an, der natürlich auch nichts dafür konnte. Irgendein Professor bei der NADA war aufgewacht und vertrat jetzt die Meinung, ich sei ein Dopingsünder und würde die 100 Meter in sieben Sekunden laufen. Ohne Aussicht auf Einwechslung und immer noch mit dickem Hals verfolgte ich das Spiel, das wieder komisch verlief. 2:0-Führung, vor der Halbzeit nicht aufgepasst und mir nichts, dir nichts, stand es 2:2. Die Jungs stellten das nach der Pause richtig und gewannen letztlich hoch überlegen mit 5:2. Der Vorsprung wuchs immer weiter, wir wussten, dass es sehr schwierig werden würde, jetzt nicht mehr aufzusteigen. Wir mussten nur noch durchrollen, dann waren wir nicht mehr einzuholen.

Auch beim 1:0-Sieg gegen 1860 München, mal wieder durch ein Ebbers-Tor, saß ich auf der Tribüne, weil ich immer noch nicht gesund war. Das Piepen im Ohr hielt sich hartnäckig und wurde sogar schlimmer. Ein Tinnitus kann auch ein Anzeichen von Stress sein. Ich war als Kapitän des potenziellen Aufsteigers gefragter als sonst. Der historische Aufstieg der Alemannia, aber auch mein eigenes Karriereende rückten unaufhaltsam näher. Ich zählte nicht die Spieltage runter oder führte eine Strichliste an meinem Spind, aber ich war mir darüber im Klaren, dass meine Laufbahn in wenigen Wochen definitiv zu Ende sein würde. Die Entscheidung stand felsenfest, aber nach 18 Jahren Profi kam doch ein gewaltiger Einschnitt auf mich zu. Ohne es zu merken, nahmen mich diese Dinge scheinbar mehr mit, als ich mir eingestehen wollte. Ich bin es gewöhnt, viel zu organisieren, viele Termine zu haben, Dinge zu regeln. Mein Körper signalisierte mir in diesem Moment, dass ich einen Gang zurückschalten sollte. Bei unserem Auswärtsauftritt in Braunschweig reichte es immerhin wieder für einen Platz auf der Bank. Mit dem Stadion an der Hamburger Straße verbinde ich immer Kampf um jeden Zentimeter Boden, auch wenn wir zwei Jahre zuvor eine 5:0-Klatsche im Pokal verteilt hatten.

Für die Eintracht, den neuen Verein meines Freundes Dennis Brinkmann, der mit einem Achillessehnenriss ein halbes Jahr ausfiel, war die Atmosphäre dort jedenfalls der Grundstein zum Klassenerhalt. Wir kamen zu einem relativ einfachen 1:0-Erfolg. Torschütze war übrigens ein gewisser Marius Ebbers, Sie werden von dem Kerl gehört haben. Zu den Vereinen hinter uns klaffte jetzt eine solch gewaltige Lücke, dass wir den Aufstieg nur noch mit historischer Dämlichkeit verspielen konnten.

Wir befanden uns in der luxuriösen Position, das Osterwochenende ganz entspannt abzuwarten, ehe wir am Ostermontag auf dem seit Wochen restlos ausverkauften Tivoli gegen unseren engsten Verfolger VfL Bochum antreten mussten.

AUFSTIEG UND ABSCHIED

Ganz ehrlich: Ich wäre lieber im Spiel gegen Bochum aufgestiegen. Gegen den direkten Verfolger vor ausverkauftem Haus – damit hätten wir echte Stärke bewiesen. Die Spannung wäre zum Greifen gewesen, mit einem Erfolg hätte sich alles gelöst und die Freude wäre explosionsartig freigesetzt worden. Andererseits hatten wir es nach unserer Saison beim besten Willen nicht mehr nötig, irgendwem unsere Stärke zu beweisen. Wer nach 29 Spieltagen so souverän und unangetastet durchs Ziel geht, steht außerhalb jeglicher Diskussion. So erlebten wir den Aufstieg der Alemannia in die Erste Bundesliga vor dem Fernseher oder wie ich vor dem Videotext.

Die Woche vor diesem Ereignis war anstrengend und voller Termine. Gemeinsam mit Willi folgte ich am Dienstagabend einer Einladung zu „Time 2 Talk", einer öffentlichen Gesprächsrunde, die alle paar Wochen von den Aachener Nachrichten veranstaltet wird. Meistens sind der Trainer und zwei Spieler zu Gast, diesmal hatten sie sich für die alten Hasen entschieden, die bald Abschied nehmen. Wir saßen auf der Bühne vor der Leinwand im größten Aachener Kino, das bis zum allerletzten Platz gefüllt war. Die Leute saßen auf den Stufen und dem Fußboden und draußen wurden Hunderte weggeschickt, weil einfach niemand mehr in den Saal passte. Schon bei der Vorstellung durch die Moderatoren wurden wir frenetisch gefeiert. In diesem Moment wurde mir zum ersten Mal wirklich bewusst, dass die kommenden Wochen sehr emotional werden würden.

Der Augenblick des Abschieds stand unmittelbar bevor, das Ende meiner professionellen Fußballkarriere nach 18 Jahren, genau der Hälfte meines Lebens. Wenn man sich das vor Augen führt, kann man sich unter Umständen vorstellen, dass mir langsam, aber sicher doch ein wenig mulmig wurde. In Willi reifte die Entscheidung heran, nach sieben Jahren Alemannia zu Schalke 04 zu wechseln, um dort bei den Amateuren zu spielen, seinen Trainerschein zu machen und Erfahrungen in der Nachwuchsarbeit zu machen. Es fiel Willi sichtlich schwer, den bohrenden Fragen zu diesem Thema auszuweichen, den sein Entschluss war bis dato noch nicht verkündet. Also wand er sich wie ein Aal, konnte jedoch nicht verstecken, dass ein Abschied aus Aachen ihm sichtlich schwer fallen würde. In meinem Fall war die Sache klar. Einige Tage zuvor unterschrieb ich einen Vertrag beim Verein, der mich vom Spielfeld auf die Geschäftsstelle lotste. Marketing, Management, ich würde meine Nase überall mal reinstecken und dann wollten der Klub und ich gemeinsam herausfinden, welches das beste Aufgabengebiet für mich ist. Allerdings gab es immer noch Menschen, die Erik Meijer gerne als Standby-Profi gesehen hätten. Dann wäre nach drei Spielen ohne Torerfolg das Geschrei losgegangen. „Ich höre auf und dabei bleibt es“, erklärte ich den Leuten. Aber vor diesem persönlichen Einschnitt stand noch das Erreichen des großen Ziels. Durch den Sieg in Braunschweig und die restlichen Ergebnisse entstanden mehrere Konstellationen. Ein Aufstieg am Donnerstag wäre möglich gewesen, die Entscheidung am Sonntag und natürlich mein favorisierter Showdown am Ostermontag. Aber nur bei Letzterem waren wir selbst beteiligt.

Bei Time 2 Talk sprachen wir schon über den Aufstieg und darüber, wie das wohl sein würde mit Alemannia Aachen in der Bundesliga, dabei hatten wir den letzten Schritt noch gar nicht gemacht. Sicher, die theoretische Chance war minimal, aber ich gehöre zu den Leuten, die eine Sache gerne erst perfekt machen, ehe sie zu viele Worte darüber verlieren und dann möglicherweise etwas revidieren müssen. Die Möglichkeit des Aufstiegs am Donnerstag verstrich, blieb der Sonntag. Einige Spieler verabredeten sich im Café Madrid, um das Spiel Saarbrücken gegen Fürth dort anzuschauen. Ich sagte ab. „Mittags bin ich zum Osterbrunch bei meinen Eltern, danach sind wir zum Essen bei meiner Schwiegermutter. Außerdem gibt es für mich noch nichts zu feiern.“ Ich ging davon aus, dass die Fürther ihre Aufstiegschance wahren würden und in Saarbrücken, das gegen den Abstieg spielte, gewinnen würden.

Und was die Dramaturgie anging, wünschte ich mir das auch. Natürlich ließ mich die Möglichkeit, aufzusteigen, nicht völlig kalt. Bei meiner Schwiegermutter angekommen, wagte ich einen Blick auf den Videotext. „Wir sind aufgestiegen“, war mein Gedanke, als ich das Endergebnis wahrnahm – 1:0 für Saarbrücken. Es stand also fest, Alemannia Aachen kehrte nach 36 Jahren in die Bundesliga zurück. Das Ziel, welches ich seit nunmehr drei Jahren mit diesem Verein verfolgte, war erreicht. Ich war sehr zufrieden darüber, etwas Außergewöhnliches geschafft zu haben. Aber ich hatte nicht das Gefühl, dass ich aus dem Fenster springen, irgendetwas Wahnsinniges machen oder meinen Körper mit Alkohol voll stopfen muss. Da war immer noch dieses Spiel am nächsten Tag und solange ich diesen Beruf ausübe, habe ich vor Spielen niemals getrunken. Natürlich war ich froh, natürlich war ich enthusiastisch und natürlich machte ich mich nach dem Dessert bei Schwiegermama noch auf den Weg nach Aachen. Hausi und seine Frau waren wieder einmal aus der Schweiz zu Besuch, also lud ich meinen Freund ins Auto und wir fuhren aus Meerssen mitten rein ins Getümmel.

Es war nicht einfach, zu meinen feiernden Kollegen zu gelangen, denn ganz Aachen wollte scheinbar in eine Kneipe. Unterhalb eines alten Stadttores, dem Ponttor, gibt es in der Aachener Innenstadt in der Nähe der Universität eine Stelle, an der eine Kneipe oder Bar neben der anderen liegt. Dort befindet sich auch das Café Madrid, wo wir seit den Siegen im DFB-Pokal häufiger nach Spielen zu Gast waren. Das Madrid war an diesem Ostersonntag allerdings schwer zu erreichen. Die Polizei hatte die Pontstraße gesperrt, weil tausende schwarz-gelbe Fans den Verkehr zum Erliegen gebracht hatten. Die ganze Stadt sang und feierte und Hausi und ich bahnten uns mühsam den Weg durch die Menge.

Als ich vor dem Café ankam, hatte ich blaue Flecken, weil mir so viele Menschen vor Freude auf die Schultern geklopft hatten. Wir entschieden uns für den konventionellen Eingang, statt wie so oft den Weg durch die Küche zu nehmen. Ich hatte noch keine drei Schritte in den Laden gesetzt, da dröhnte mir schon ein kräftiges „Erik Meijer“ entgegen. Die Hälfte der Mannschaft tanzte auf den Tischen im hinteren Teil und animierte die Fans immer wieder zu neuen Gesängen. Ich freute mich über die Freude der Menschen.

Hier waren Leute, deren Wohlbefinden vom Abschneiden der Alemannia abhing. Wir hatten dafür gesorgt, dass sie seit einiger Zeit deutlich mehr Freud als Leid mit ihrem Verein erlebten. Die allermeiste Zeit war das in den vergangenen 36 Jahren, die Alemannia in der Zweiten oder Dritten Liga verbracht hatte, anders gewesen. Wir hatten seit Wochen eine Flasche Champagner geschüttelt, und in diesem Moment flog der Korken mit voller Wucht heraus und die ganze Freude entlud sich. Weil es so voll war, flohen wir irgendwann doch in die Küche. Auch wenn ich an dem Abend mit dem Überschwang der meisten meiner Kollegen nicht ganz mithalten konnte, wollte ich den Bundesligaaufstieg dann doch nicht in einer Restaurantküche feiern. Also mischten wir uns nach kurzem Verschnaufen wieder unters Volk. Zwischendurch verlagerten wir die Party auf den Balkon, den man über eine außen liegende Treppe erreichen konnte. Von dort wurde das Ausmaß der Party noch klarer, in Aachen herrschte Ausnahmezustand. Cristian Fiel verspritzte eine Flasche Schampus nach der nächsten über den ekstatischen Fans. Inzwischen waren auch Jörg Schmadtke und Dieter Hecking, die sich in Saarbrücken das Spiel im Stadion angeschaut hatten, in Aachen angekommen. Ich verlor Hausi aus den Augen und sah ihn nach einiger Zeit mit Reiner Plaßhenrich auf dem Tisch tanzen. Ich selbst trank zwei Bier und 16 Cola und machte mir gemeinsam mit Marius Ebbers einen Eindruck davon, wie das voll besetzte Café Madrid aussieht, wenn man tanzend auf der Theke steht.

Ich verstand in gewissem Maße diejenigen, die jetzt ausgelassen feierten. Für mich gehörte diese Party aber auf den Platz, 24 Stunden später. Es wäre kein Problem für mich gewesen, darauf zu warten. Und wäre ich Trainer gewesen, hätte ich meinen Spielern trotz des feststehenden Aufstiegs nicht die Erlaubnis gegeben. Ich hätte ihnen klargemacht, dass sie warten müssen und dass sie einen umso größeren Grund zum Feiern hätten, wenn sie Bochum aus dem Stadion schießen. Nüchtern betrachtet, bedeutete der Aufstieg das Erreichen eines Ziels, und zwar in äußerst souveräner Manier. Beim Blick auf die ausgelassen feiernden Fans erweiterte sich die Dimension. Auch wenn das hier nicht mehr die gleiche Generation Fans wie vor 36 Jahren war, so wurde doch sehr deutlich, wie die Stadt und die Region auf diesen Augenblick gewartet hatten. Ich war Kapitän der Mannschaft, die die Sehnsucht vieler Menschen gestillt hatte. Das machte mich stolz. Gegen 0.30 Uhr lud ich Hausi wieder ins Auto, er war deutlich fröhlicher als bei unserer letzten Begegnung. Auf dem Heimweg trank er die Flasche Wasser leer, die ich immer im Auto habe. Er schien mehr als zwei Bier getrunken zu haben.

Das Spiel gegen Bochum war nur noch Formsache. Man merkte an vielen Kleinigkeiten, dass wir nicht so frisch und spritzig waren wie gewohnt. Das muss nicht unbedingt mit dem Restalkohol zu tun gehabt haben. Wahrscheinlich waren es die paar Prozent fehlender Spannung, die fehlten, weil das Ergebnis des Spiels keine Bedeutung mehr für den Aufstieg hatte. Beim Training am Morgen hatten einige verdammt kleine Augen. Wir absolvierten wie immer am Spieltag eine lockere Einheit vor mehr Zuschauern als sonst. Nach dem Mittagessen eilten die meisten in Rekordzeit in ihre Zimmer, um das Schlafdefizit aufzuholen. Das Spiel war wie all unsere Heimspiele bis Saisonende seit Wochen ausverkauft.

Im Vorfeld war wild spekuliert worden, wann der Aufstieg denn am wahrscheinlichsten feststehen würde. Viele hatten auf die Partie gegen Siegen getippt, andere auf Freiburg. Optimisten glaubten, wir würden die Sache in Paderborn klarmachen. Dass schon vor der Begegnung gegen den VfL Bochum alles in trockenen Tüchern sein würde, war meines Wissens nach keinem in den Sinn gekommen. Es herrschte eine unglaubliche Stimmung im Stadion, es war einfach ein sehr spezieller Abend.

Die Bochumer waren verständlicherweise sehr konzentriert, sie wollten die Gelegenheit nutzen und ebenfalls den Aufstieg klarmachen.

Mit Willi und mir brachte Hecking im Laufe des Spiels zwei nüchterne Spieler, was aber auch nichts mehr änderte. Mit zunehmender Spieldauer wurde die Stimmung immer besser, denn auch die 2.000 Bochumer Fans hatten jetzt etwas zu feiern. Und unsere Anhänger zählten die Minuten runter, bis endlich die nächste Feier begann, diesmal auf gewohntem Terrain in unserem atmosphärischen Stadion. Etwas Vergleichbares hatte ich noch nie erlebt. Da spielt der Erste gegen den Zweiten. Der Erste ist schon aufgestiegen und erlaubt dem Zweiten das jetzt auch. Das Ergebnis waren ausschließlich fröhliche Gesichter auf dem Platz. Ich werde das mein Leben lang nicht mehr vergessen. Sobald der Schiedsrichter zum letzten Mal pfiff, begann meine Party. Marcel Maltritz, mit dem ich beim HSV spielte, fiel mir in die Arme.

Beide hatten wir unser Ziel erreicht, er mit seinem Verein, ich mit meinem. Beide Mannschaften starteten am Mittelkreis eine „Humba" mit dem gesamten Stadion. „Ist das geil hier", hörte ich einen Bochumer nach dem anderen sagen. Sie waren überwältigt davon, wie laut es auf dem Tivoli werden kann, wenn alle mitmachen. Marcel hatte sofort eine Zigarre im Mund, er muss sie schon während des Spiels im Stutzen versteckt haben. Dauernd wurden neue Riesengläser König Pilsener angeschleppt, mit denen auch eine Menge Unsinn getrieben wurde. Jörg Schmadtke, Dieter Hecking und einige Reporter wurden komplett geduscht, wobei ich das Bier lieber seinem ursprünglichen Zweck zuführte. Cristian Fiel schnappte sich das Mikrofon und tat das, was er wie kein Zweiter beherrscht: für gute Stimmung sorgen. Er sang zwar nicht gut, dafür aber die richtigen Lieder, und das zählte. Am nächsten Tag bekam ich einen Anruf vom Robinson Club, der auf Mallorca noch einen Animateur suchte. Weil Fielo auch noch Spanisch spricht, war er nach diesem Auftritt natürlich Kandidat Nummer 1 für den Job. Aber er lehnte ab, weil seine Freundin Diana hochschwanger war und er nach seiner Vertragsverlängerung das Geld auch nicht mehr so nötig hatte. Ich genoss die Zeit dort unten auf dem Rasen in vollen Zügen. Nach vielem Tanzen, Feiern und Singen zogen wir uns in die Kabine zurück, wo inzwischen in Disko-Lautstärke die Musik dröhnte und das Bier in Strömen floss. Willi und ich versuchten ein Interview zu geben, das von Marius Ebbers aber jäh beendet wurde, weil er mit einem Megaphon die Mixed Zone stürmte und uns zum Gang auf die Brücke über der Krefelder Straße abholte. Ich verstand zuerst nicht den Sinn dieser Aktion. „Was sollen wir auf der blöden Brücke?“ Als wir uns den Weg durch die Fans vor dem Stadion bahnten, wurde mir alles klar. Die Polizei hatte die komplette Krefelder Straße gesperrt, auf der sich jetzt tausende Fans versammelten. Weiter ging die Show.

Mit unseren beiden Megaphonen diktierten wir von oben die Gesänge und die Fans ließen uns nicht im Stich. Jeder durfte mal ran, diesmal tat sich Sergio Pinto als Zeremonienmeister hervor. Bis auf die Radlerhose verabschiedete ich mich von allen Klamotten und machte mich nach einem kurzen Abschiedsgruß auf Badelatschen zurück in die Kabine. Was für ein Chaos! Überall war Bier, auf dem Fußboden, in der Dusche, an den Wänden und der Decke. Ich lobte mich selbst für die Entscheidung, meinen Spind mit dem Outfit für die Nacht abzuschließen. Glück gehabt, alles war noch trocken. Wie auf einer Welle schwappten wir in die Stadt, die wie schon am Abend zuvor picke packe voll war. Als Rückzugsort diente wieder die Küche, doch im Laufe des Abends schlug ich mich zur Fensterseite des Café Madrid durch, wo es erträglich war. Bei Bedarf kletterte ich auf die Theke oder den Tisch und heizte die Stimmung noch weiter an. In dieser Nacht hielt sich Erik Meijer nicht zurück und feierte bis zum Morgen. Hausi und ich waren diesmal darauf angewiesen, dass Sandra uns nach Hause fuhr.

Leichtsinnigerweise hatten Willi und ich für den nächsten Tag einem Besuch beim DSF in München zugestimmt, sodass ich gegen Mittag zum Düsseldorfer Flughafen aufbrechen musste. Zwei ältere Herren mit einem deutlich sichtbaren Hangover bestiegen also ein Flugzeug nach München. Den Taxifahrer, der uns in München am Flughafen abholen sollte, ließen wir wegen einer akuten Hungerattacke stehen. Nürnberger Würstchen mit Sauerkraut und Kartoffelbrei und ein Hefeweizen schienen uns das geeignete Anti-Kater-Essen zu sein. Während der Mahlzeit riefen die besorgten DSF-Leute schon an, weil der Taxifahrer uns als verloren gemeldet hatte. „Schätzchen, macht euch keine Sorgen, der Mann muss eben ein bisschen warten“, sagte Willi mit unverwechselbarem Bottroper Akzent. Weil der Chef des

Hauses uns noch ein zweites Hefeweizen ausgab, musste unser Fahrer noch ein wenig Geduld haben. Trotzdem kamen wir pünktlich zur Sendung mit Jörg Dahlmann, der es für witzig hielt, den Zuschauern eine Frage über unser Alter zu stellen. Sorry, Herr Dahlmann: Das war Scheiße. Ich trank in der Sendung minimal zwei Liter Wasser, einen solchen Durst hatte ich noch nie. Wir hatten Spaß, es war ein lustiger Auftritt. Um 21 Uhr flogen wir zurück nach Düsseldorf, kurz vor Mitternacht fiel ich ziemlich kaputt ins Bett.

Die große Sache Aufstieg wich in meinem Kopf der großen Sache Aufhören. Plötzlich waren nur noch vier Spiele übrig, nur noch vier Mal dieses Gefühl, sich vorzubereiten, die Spannung aufzubauen, ins Stadion zu laufen und das Spiel zu spielen. Zudem entstand ein Zwiespalt in der Mannschaft. Einige Jungs sagten: O.K., wir haben den Aufstieg geschafft, jetzt feiern wir mal ein bisschen und lassen es etwas ruhiger angehen. Der andere Teil sagte: Wenn wir schon so weit gekommen sind, dann wollen wir auch Meister werden. In Paderborn passierte genau das, was ich befürchtet hatte. Wir waren nicht hundertprozentig konzentriert. Und wenn das der Fall war, dann waren wir nicht so gut, um eine Mannschaft wie Paderborn zu schlagen. Einige waren nicht auf dem Platz, wir kassierten drei Tore durch persönliche Fehler. Marius Ebbers war nicht bei seinem Gegenspieler, Moses Sichone vertändelte den Ball und Kristian Nicht griff zum ersten und einzigen Mal in dieser Saison daneben. Dazu kamen total dämliche Platzverweise für Jan Schlaudraff und Matze Heidrich. Ich bekam die kritischen Statements von Trainer und Sportdirektor nach der Partie nicht mit, weil ich noch auf dem Platz war. Sie monierten, die Mannschaft hätte ein anderes Gesicht zeigen müssen. Sie hatten einerseits natürlich vollkommen Recht. Andererseits: War die Erlaubnis, am Tag vor dem Bochum-Spiel zu feiern, nicht das Signal gewesen, dass jetzt alles vorbei war? Ich halte diese Entscheidung bis heute für falsch, und dabei bleibe ich auch.

Blieben zwei Heimspiele, meine letzten Heimspiele, und die Reise nach Burghausen am letzten Spieltag. Der feststehende Aufstieg ließ die Zahl der Medienanfragen ohnehin sprunghaft nach oben steigen, der nahende Abschied vom aktiven Fußball erhöhte das Interesse an Interviews mit Erik Meijer noch weiter. Ich vereinbarte mit unserem Pressechef, die kleineren Sachen abzusagen. Mein Tinnitus lehrte mich, nach Entspannung zu suchen, also ging ich zum Golfen und war froh darüber, einen Tag lang nicht über Fußball sprechen zu müssen. Dennoch setzte ich mich selbst einem gewissen Druck aus, denn ich hatte den Anspruch, den Leuten am Tivoli in guter Erinnerung zu bleiben, nämlich als Spieler, der alles für seinen Verein gibt. Oder lassen Sie mich es ruhig arrogant aussprechen: als guten Spieler. Gegen die Sportfreunde Siegen gelang mir das.

Lange Flanke von Erwin Koen, ich kann den Ball aufs Tor köpfen, sehe aber Marius Ebbers von hinten kommen. Ich lege quer und Marius knallt das Ding rein.

Diese Aktion war vielleicht symptomatisch für meine Karriere. Wenn ich jemand anderen bedienen kann, dann mache ich das sehr gerne. Wir gaben Vollgas und stellten klar, warum wir oben standen und Siegen absteigen musste. Trotz des frühen Termins am Dienstagabend war der Tivoli voll besetzt, die Sonne schien und zauberte so etwas wie sommerliche Gelöstheit auf die Ränge. Als Kontrastprogramm begann nach diesem Sieg die Hektik. Das letzte Heimspiel in einer solchen Saison ist an sich schon ein spezielles Ereignis. In diesem Fall nahmen mit Willi Landgraf und mir zwei Spieler Abschied vom Verein, die diesem über eine bestimmte Zeit ein Gesicht gegeben hatten.

Ich hatte eine Menge Ideen, denn man kann nur einmal von seinem Publikum Abschied nehmen, und das wollte ich so gut wie möglich machen. Für die Fans ließ ich mithilfe unseres Ausrüsters JAKO T-Shirts drucken, auf deren Rücken die Stationen meiner Karriere verewigt waren. Auf die Brust ließ ich den Spruch „I did it my way" drucken, denn so empfand ich meine Laufbahn. Ich ging immer meinen eigenen Weg, war ehrlich zu den Leuten und habe meine Meinung gesagt.

Als Typ mit Ecken und Kanten hatte ich manchmal auch Gegenwind, aber ich bin stolz auf das, was ich erreicht habe. Ich habe für meinen absoluten Lieblingsklub FC Liverpool gespielt und es erfüllt mich mit großer Genugtuung, dass mein Name sowohl dort als auch in Leverkusen und Hamburg in positivem Zusammenhang genannt wird. Ich wollte mich mit den Shirts bei den Aachener Fans bedanken, der Seele dieses Vereins. Zum Glück kamen die Trikots auf den letzten Drücker in Aachen an. Natürlich dachte ich auch an meine Frau, meine Mutter und meine Schwiegermutter, für die ich als Dankeschön für ihre Unterstützung Blumensträuße besorgte. Meine beiden Schwestern mit Männern und Kindern kamen selbstverständlich zu meinem letzten Spiel, dazu lud ich meine engsten Freunde ein. Ich hatte die Leute da, die mich immer verfolgt haben, bei jedem einzelnen Verein. Für diese Leute bin ich Erik Meijer und nicht der Fußballer Erik Meijer. Erst als alle T-Shirts, Eintrittskarten und VIP-Bänder besorgt waren, war ich beruhigt und musste jetzt eigentlich nur noch ein gutes Spiel machen. Zwei Tage vor dem großen Tag nahmen Willi und ich an der üblichen Pressekonferenz teil, bei der normalerweise der Trainer die Journalisten mit seinen Gedanken zum nächsten Spiel versorgt. Ich wusste, dass Willi seinen Wechsel nach Schalke bekannt geben würde, also brachte ich mir ein Trikot meines Heimatvereins SV Meerssen mit und erklärte meinen Wechsel

dorthin, allerdings in die dritte Mannschaft, die in der untersten Liga spielt und mindestens so lange an der Theke steht wie auf dem Rasen. Vielleicht laufe ich da wirklich eines Tages auf, um noch ein bisschen gegen den Ball zu treten. Außerdem kämpfe ich um einen Platz im Sturm des Geschäftsstellenteams der Alemannia. Dann lasse ich mir von Dirk Bremser und Dieter Hecking die Bälle auflegen.

Ich durchlief jeden der Schritte, die ich seit drei Jahren bei jedem Heimspiel machte, zum letzten Mal. Ich war mir dessen voll bewusst und dieses Gefühl erzeugte Wehmut. Zum letzten Mal saß ich morgens am Frühstückstisch und löffelte mein Müsli, ganz allein, wie es immer war. Ich zog mich um, wie immer hatte ich am Tag zuvor einen Aushang gemacht, was die Jungs anzuziehen hatten. Schwarze Trainingshose, weißes T-Shirt, das war in dieser Saison Standard bei den Heimspielen. Am Anfang des Jahres stand ein gelbes Poloshirt hoch im Kurs, aber nach den Heimniederlagen gegen Fürth und Offenbach baten mich einige Spieler, das doch zu ändern. Fußballer sind schließlich sehr abergläubische Menschen, wobei das weiße T-Shirt eine unglaubliche Heimbilanz aufzuweisen hatte, der Wechsel sich also bezahlt gemacht hatte.

Selbst bei Spielen im Dreitagesrhythmus schafften es die Junggesellen im Team, das Shirt in einigermaßen annehmbarem Zustand am Mann zu haben. Einige vergaßen bisweilen das Bügeleisen, aber das Hemd war sauber. Am Tivoli fiel mir das Stadionheft in die Hände, das sich in einer großen Geschichte samt Poster mit meinem Abschied beschäftigte. Die Geschichte traf den Nagel auf den Kopf. Training, beim Kreisspiel ging es wie immer darum, die Mannschaftskasse zu füttern, weil ein Beinschuss 2,50 Euro kostet, vom Trainer sogar 5 Euro. Nach dem Duschen wartete Erwin Koen schon auf mich, der seit Karneval mein Fahrgast bei Heimspielen war.

Rund um Karneval hatten wir viel gesprochen und bei Erwin lief es seither besser. Er behauptete, ich würde ihm positive Energie verleihen. Und auch mein Lied „Where the streets have no name“ hatte sich für Erwin von einem normalen Lied zu einem außergewöhnlichen Song verwandelt. Ich übte also sogar musikalisch Einfluss auf meine Kollegen aus. Das Parkhaus des Quellenhofs war belegt. Das passiert an Sonntagen schon mal, der Druck auf den Rufknopf hilft dann und die freundliche Stimme auf der anderen Seite öffnet das Tor. Zum ersten Mal klappte das nicht. Ich setzte also entgegen der Einbahnstraße einige Meter zurück und fuhr die Einfahrt hinauf vor das Hotel. „Es ist mein letztes Heimspiel. Sie werden mir verzeihen, wenn ich heute mal hier parke“, sagte ich zu Erwin und blieb direkt vor der Pforte stehen. Mir war absolut nicht nach Parkplatzsuche zumute. Vorsichtshalber drückte ich dem Pagen an der Rezeption meinen Schlüssel in die Hand und machte mich auf den Weg zu dem Konferenzsaal, in dem wir seit drei Jahren alle zwei Wochen aßen und unsere Besprechungen abhielten. Zu meinem Entsetzen musste ich feststellen, dass der Raum belegt war, und das zum allerersten Mal. Dafür war das Essen wie immer, Spaghetti, Soße, Fleisch.

In der Besprechung streifte Dieter Hecking unseren Gegner SC Freiburg nur am Rande. Er verdeutlichte den Jungs, dass dies der Abschied von Willi und mir vom Aachener Publikum war. Sie sollten dieses Spiel auch für uns beide spielen. Schon vorher hatten wir mit dem Trainer abgesprochen, dass Willi und ich irgendwann im Laufe der zweiten Halbzeit das Feld verlassen würden. Solange wir im Hotel waren, bemerkte ich keine besondere Spannung, die Vorbereitung lief ab wie immer. Auf der Fahrt zum Stadion änderte sich meine Stimmung, wie so oft kam im Auto das Adrenalin. Ich drehte die Musik noch lauter als sonst, genoss zum allerletzten Mal den Blick auf die Fanscharen, die wie ich auf dem Weg zum Tivoli waren.

Erwin Koen behauptet, die Krefelder Straße in Richtung Stadion sei die schönste Straße, die er kenne. Ob das stimmt, weiß ich nicht, in jedem Fall ist die Stimmung eine ganz besondere. Beim ersten Gang auf den Platz vor dem Aufwärmen blieb ich am Ausgang des Spielertunnels stehen. Normalerweise lief ich immer bis zur Mittellinie, genoss die freundliche Begrüßung der Fans und drehte eine Runde durch den Strafraum, ehe ich in die Kabine zurückkehrte, um mich fürs Warmmachen fertig zu machen. An diesem Tag hielt mich etwas zurück. „Halt! Nicht weiter als bis zur Tür“, sagte eine innere Stimme. Vielleicht hatte ich die Befürchtung, zu emotional zu werden, jedenfalls schnappte ich nur frische Luft und verschwand schnell wieder im Spielertunnel. Schon beim Aufwärmen widmeten die Fans ihre Gesänge abwechselnd Willi und mir. Es war gut, dass wir zu zweit Abschied nahmen, denn so konnten wir die Last auf vie-

Schultern verteilen. Noch dazu war Willi ein Freund und das half enorm. Vor dem Spiel legte mir Jörg Schmadtke wie immer die Kapitänsbinde um. Dieses Ritual war ganz am Anfang entstanden, Jörg steht immer am Ausgang der Kabine und vergewissert sich, dass alles in Ordnung ist. Ich komme meist als einer der letzten Spieler und von Anfang an befestigte Jörg die Binde an meinem Arm. „Genieß es", gab er mir heute zusätzlich mit auf den Weg.

Auf dem Platz hatte ich andere Sorgen. Wir gerieten durch ein Tor von Coulibaly in Rückstand und kamen selbst nicht richtig in die Partie. Ich war sehr unzufrieden, begann zu meckern und legte mich mit dem Schiedsrichter an. Ich wollte noch etwas aus diesem Spiel herausholen, das gehörte zu meiner Vorstellung von einem idealen Abschied. Weil es in der Offensive nicht lief, nahm Hecking Willi als Erstes vom Feld. Wie wir alle lief ich zu ihm hin, machte mich 40 Zentimeter kleiner und drückte ihn.

Willi war ziemlich locker drauf, es bereitete ihm sichtlich Freude, das alles zu erleben. Willi erhielt die Verabschiedung, die er hundertprozentig verdient. Das Spiel lief weiter zäh. Als ich wenige Minuten vor Schluss Florian Bruns an der Seitenlinie sah, wusste ich, dass meine Zeit gekommen war. Ich lief auf Reiner Plaßhenrich zu, um ihm die Spielführerbinde zu geben. Ich konnte ihm nicht in die Augen schauen, sonst hätte ich sofort angefangen zu weinen. In Reiners Blick erkannte ich, dass es ihm ähnlich ging.

Plötzlich stand die halbe Mannschaft um mich herum, ich spreizte die Arme und nahm meine Kollegen in den Arm. Stephan Straub kam aus seinem Tor, und so standen wir alle Elf da und bildeten einen Kreis wie zur Einstimmung vor dem Spiel. Niemand sagte etwas, wir standen einfach ein paar Sekunden so auf dem Rasen und blendeten völlig aus, dass um uns herum fast 21.000 Menschen waren.

Wie zur Besinnung genoss diese kleine Einheit aus elf Fußballern den Augenblick. Dann ging ich raus. Florian Bruns hatte mir gesagt, dass er sich wünscht, für mich eingewechselt zu werden. Da stand er nun, dieser liebe Bursche, der in seiner Zeit bei der Alemannia nur Pech mit Verletzungen hatte, und nahm meinen Platz auf dem Feld ein. Ich hatte eine Gänsehaut, als ich auf der Bank Platz nahm.

Es ist auch nach 18 Jahren als Profi immer noch etwas Spezielles, wenn 20.000 Leute deinen Namen rufen. Mein persönliches Szenario sah vor, mich bei meiner Frau, meiner Mutter, meiner Schwiegermutter und meinem Vater zu bedanken. Ich wollte das schnell hinter mich bringen, damit bloß nichts dazwischenkommt. Gleich nach dem Schlusspfiff bat ich sie, auf den Rasen zu kommen. Die drei Frauen bekamen Blumen als Dank für ihre Unterstützung in all den Jahren. Meine Schuhe und mein Trikot, das hatte ich mir fest vorgenommen, schenkte ich meinem Vater. Der alte Herr Meijer verlor völlig die Fassung, wollte seine Emotionen aber nicht recht zeigen und drehte sich weg. Überall waren Kameras, seine Flucht war zwecklos. „Pa, mach dir nichts draus. Es schauen nur ein paar Millionen Leute zu", scherzte ich. Sandra wollte zurück auf die Tribüne, sie fühlt sich nicht wohl im Rampenlicht. „Das ist dein Abschied", sagte sie. Also machten Willi und ich uns daran, einige Worte an die Fans zu richten. Ich hatte das Gefühl, nicht viel sagen zu müssen. Dafür hielt Willi eine etwas längere Rede.

Während unserer Ehrenrunde hielten sich alle anderen – Trainer, Spieler, Verantwortliche – im Hintergrund. Ich empfinde das als riesige Respektsbekundung, es zeigt die Größe dieser Menschen, dass sie uns diesen Augenblick überließen. Über 100 T-Shirts flogen ins Publikum, ehe wir als Mannschaft dieselbe Runde noch einmal absolvierten, diesmal als Dank für die komplette Saison, die schlichtweg überragend war. Im VIP-Zelt feierten wir anschließend mit der Familie und all meinen Freunden. Die Leute aus meiner Clique sind extrem produktiv oder schlafen schlecht, jedenfalls gibt es inzwischen unheimlich viele Kinder in unserem Bekanntenkreis. Im Zelt war es ziemlich heiß an diesem Nachmittag. Eine meiner ersten Aufgaben als Mitarbeiter bei Alemannia Aachen wird sein, die Temperaturregelung im VIP-Bereich zu justieren.

Ich war noch nicht fertig, denn es blieb noch ein Spiel. Mein letztes Spiel als Profifußballer. Mein erstes Spiel bestritt ich 1988 mit Fortuna Sittard gegen Feyenoord Rotterdam, mein letztes Spiel folgte 2006 bei Wacker Burghausen. Bei einem größeren Verein konnte ich meinen Abschied gar nicht feiern. Unser Hotel lag in Österreich, also war es mehr oder weniger ein internationales Spiel. Wir lagen einen Punkt hinter Bochum, das in Unterhaching spielte. Ich war sicher, dass die Hachinger etwas holen würden, denn sie brauchten noch einen Punkt zum Klassenerhalt. Ein Sieg, und wir hätten die Spielzeit mit der Meisterschaft gekrönt. Zum letzten Mal gewann ich als 16-Jähriger mit der A-Jugend des SV Meerssen einen Meistertitel, danach reichte es nur noch zum Metzgermeister. „Nichts ist scheißer als Platz 2", diesen Spruch von mir habe ich inzwischen sogar auf Postkarten gedruckt gesehen. Ich weiß gar nicht, wer den Leuten erlaubt hat, meinen Satz zu benutzen, der für mich mehr denn je Gültigkeit hatte. Mit Bayer Leverkusen schnupperte ich mehrfach am Titel, Liverpool wurde mit Erfolgen überhäuft, kurz nachdem ich nach Hamburg gegangen war. Kurzum: Ich war heiß auf den Titel „Zweitligameister 2006". Energisch und druckvoll erarbeiteten wir uns viele Chancen.

Ebbe setzte einen Kopfball an die Latte, ich selbst verzog einen Schuss knapp. Wie so oft im Fußball geriet die Mannschaft mit den ungenutzten Chancen in Rückstand. Nach der Pause lief es weiter so. Reiner Plaßhenrich umkurvte den Torwart und schob den Ball aus sozialen Gründen in die Werbebande statt ins Tor, er hat wohl Familie in Burghausen. Aus einem starken Angriff erzielten wir das 1:1. Ich legte eine Flanke auf Sergio Pinto ab, der den Ball mit seiner überragenden Schusstechnik versenkte. Meine Direktabnahme landete nur am Pfosten, was mich maßlos ärgerte. Zwei Minuten vor Schluss war der Frust nicht mehr zu steigern.

» **Erwin Koen wurschtelt sich auf links irgendwie durch. Er und sein Gegenspieler kommen zu Fall. Florian Bruns schnappt sich den Ball und schlägt ihn rein. Ich fliege vor dem Verteidiger in die Flanke und köpfe ihn genau oben ins Eck. „Das ist er", denke ich. So etwas spürst du als Stürmer. „Der ist gut."** «

Der Burghausener Stammtorwart Uwe Gospodarek hätte den Ball vielleicht aus Respekt vor mir durchgelassen. Oder er hätte ihn gar nicht bekommen. Aber zur Halbzeit hatte Wacker ausgewechselt und den jungen Jens Kern gebracht. Er kratzte den Kopfball aus dem Winkel. Eine Minute später war Schluss. In meinem letzten Profispiel hätte ich eine Minute vor Schluss das entscheidende Tor gemacht und wir wären Meister geworden. Davon kannst du als Spieler nur träumen. Bittere Enttäuschung machte sich in mir breit. Der kleine Junge in Erik Meijer kam wieder hoch, der 13-jährige Bursche, der seinen Willen nicht bekommt, deshalb furchtbar schlechte Laune bekommt und unausstehlich wird. Zwei Dinge ließen mich hemmungslos weinen: Wir hatten es nicht geschafft, Meister zu werden und 18 Jahre Profifußball waren endgültig vorbei. Sittard, Antwerpen, Maastricht, Eindhoven. Es kommt der richtige Zeitpunkt zum Wechsel nach Deutschland. Uerdingen, Leverkusen. Beim FC Liverpool erfüllt sich ein Traum. In Hamburg genieße ich das Leben und ein geiles Stadion. Und dann? Die Krönung Alemannia Aachen.

Drei Jahre, die drei erfolgreichsten der Vereinsgeschichte. Aus einem Klub mit einer Menge Schulden haben wir einen gesunden Verein gemacht, den wir in die Erste Liga gehievt haben. Der Zwerg spielt nächstes Jahr bei den großen Leuten mit. Das ist ein Werk, auf das ich sehr stolz bin. Es hat viel Kraft gekostet, aber wir sind da. Und: Wir haben es richtig verdient. Kein anderer hat es so sehr verdient wie wir, kein anderer Verein hat in drei Jahren so viel PR für sich selbst gemacht wie Alemannia Aachen. Jetzt pflücken wir die Früchte. Ich werde weiter dabei sein, aber nicht mehr auf dem Feld. Das ist in dieser Sekunde endgültig vorbei.

Montag, 15. Mai. Ein sonniger Tag, den ich in meinem Leben nie wieder vergessen werde. Vor der Aufstiegsfeier trafen wir uns um 15 Uhr am Stadion. Mannschaft, Trainer, Betreuer samt Frauen und Kindern. Grob waren wir in den geplanten Tagesablauf eingeweiht: Fahrt im LKW durch die Stadt zum Markt, wo außer uns einige andere Menschen erwartet wurden, anschließend Feier auf der Rathaustreppe mit Eintragung ins Goldene Buch der Stadt. Mehr wussten wir nicht. Meine Frau hatte in den letzten Wochen auffällig viel und heimlich telefoniert, das hatte ich mitbekommen. Mal wurde ich aus der Küche geschickt, mal ging sie aus dem Zimmer. Bei der Ankunft am Tivoli wurde der Grund ihrer Telefonate mir bald klar.

Zwischen dem Büro von Jörg Schmadtke und dem Eingang zum Presseraum lag eine riesige grüne Plane, um die sich bald der gesamte Tross versammelte. Kerstin Hecking, die Frau unseres Trainers, ergriff das Wort. „Ihr habt etwas Besonderes erreicht, auf das ihr sehr stolz sein könnt. Das soll nicht vergessen werden“, sagte sie. Dann wurde das Geheimnis gelüftet. Für jeden Spieler war ein Stein in den Boden eingelassen, darauf prangte ein Stern mit dem

Namen und der Rückennummer. Unsere Frauen hatten einen „Walk of Fame“ anfertigen lassen, ohne dass irgendjemand etwas davon gewusst hätte. Eine sensationelle Erinnerung, die nie verloren gehen wird, denn beim Umzug in ein neues Stadion kann man die Steine dort wieder verlegen. Besser konnte der Auftakt für unsere Jubelfeier nicht sein. Wir bestiegen den an den Seiten offenen Anhänger, der von einem schwarzen Truck durch die Stadt gezogen wurde. Unterwegs erlebten wir die nächste Überraschung: Die Aachener Straßen hatten über Nacht gelbe Zusatzschilder mit schwarzer Schrift erhalten. Schon auf der Fahrt zum Stadion war mir die „Erwin-Koen-Straße“ aufgefallen – ein ziemlicher Schock, wenn man noch nüchtern ist. Kompliment an die Stadt, hervorragende Idee.

Je weiter wir ins Zentrum rollten, desto mehr Zuschauer feierten an den Straßen. Väter reichten ihre Söhne zu uns herauf, damit wir auf deren Schals oder Trikots unterschrieben. Andere liefen den gesamten Weg vom Tivoli zum Markt hinter uns her. Hinter dem Rathaus endete unsere Fahrt, eine Fortsetzung wäre auf Grund der Menschenmassen ohnehin schwierig geworden. Ich erblickte meine Eltern, meine Schwiegermutter und meinen kleinen Neffen Kay, den Sohn meiner Schwester Vivy. Trotz des Trubels sprachen wir kurz, ehe wir uns zum Rathaus durchkämpften. Durch das Verwaltungsgebäude gelangten wir ins historische Rathaus mit seinen hohen Sälen und alten Gemälden.

Im Foyer versperrte ein Pulk aus Journalisten, Gästen und Ordnern den Blick durch die geöffnete Türe auf den Markt unterhalb der Rathaustreppe. Als Kapitän genoss ich das Privileg, als Erster hinauszutreten. Es war gigantisch, besser als nach dem Pokalendspiel. Jedes Fleckchen Boden war besetzt, ein unglaubliches Bild von da oben. Jeder Spieler wurde einzeln vorgestellt und bejubelt. Der Trainer kündigte den Fans im Stil eines Ansagers beim Boxen unsere Betreuer, Physiotherapeuten und Ärzte an – das zeigt, welchen Respekt er vor diesen wichtigen Mitgliedern unseres Teams hat, ohne die der Laden einfach nicht funktioniert.

Nach den Straßenschildern hatte der Oberbürgermeister eine neue Überraschung für uns parat. An der Fassade des Rathauses wurden riesige Banner mit den Gesichtern der Spieler entrollt, die man kilometerweit erkennen konnte, weil sie über sieben Meter hoch waren. Ein geiles Bild. Dazu erklang das Glockenspiel mit „Aber eins, aber eins, das bleibt bestehen: Alemannia Aachen wird nie untergehen“.

Daran glaube ich hundertprozentig: Alemannia Aachen wird nicht untergehen, denn die Leute in dieser Stadt sind so stolz auf ihren Fußballverein, sie würden ihren Klub nie fallen lassen. Im Krönungssaal setzten Erik Meijer, Wilfried Landgraf und alle anderen aus dem Team ihre Unterschrift zwischen die Mitterrands, Thatchers und Clintons dieser Welt. Bis dahin erlebten wir eine ausgelassene Feier und einen stilvollen Empfang mit allem Drum und Dran.

Emotionaler Abschied

Für Willi und mich wurde das Ganze jetzt mit puren Emotionen angereichert. Die Organisatoren baten uns wieder auf die Rathaustreppe, um ein Lied anzuhören, dass die „Vier Amigos“, eine sehr beliebte Aachener Gesangsgruppe, speziell für uns geschrieben hatten. Die Melodie war „I did it my way“! Mein Motto. „Jetzt weißt du, warum wir es letzte Woche im Stadion nicht gespielt haben“, flüsterte Robert Moonen mir zu. Es wurde ganz still um uns herum, die Mitspieler hielten sich aneinander fest, der kleine Willi stand mit seiner

Tochter direkt vor mir. Die Amigos spülten mit ihrem Text die gesamte Zeit nach oben, drei Jahre bei mir, sogar sieben bei Willi. Er hatte den absoluten Tiefpunkt des Vereins erlebt, ich kam kurz danach. Und jetzt standen wir hier oben. Ich, nein, wir ließen unseren Emotionen freien Lauf. Wenn ein Lied speziell für dich gesungen wird, für zwei Freunde, dann gibt es keine Hemmschwelle mehr. „Die Tür steht auf für alle Zeit, weil ihr jetzt Öcher Jonge seid. Denn diese Stadt vergisst euch nie, Erik und Willi."

Das war der Abschied, mehr ging nicht. Jetzt ist es perfekt, bitte nichts mehr ändern. Es war schön, es war so, wie wir immer gespielt haben: mit Herz, mit Seele, mit vollem Einsatz.

Drei geile Jahre.

Die Aufstiegsfeier

BILDNACHWEIS

Coverfoto:
Carl Brunn

Covergestaltung:
Jens Vogelsang, Aachen

Fotos:
dmp press
Marcel Decoux
Michael Jaspers
imago
Kurt Bauer